Nikos erzählt….

Geschichten aus Kreta

FSC
www.fsc.org

MIX

Papier aus ver-
antwortungsvollen
Quellen

Paper from
responsible sources

FSC® C105338

Vorwort

Erzählungen, Berichte, Beschreibungen, Storys mit und über Kosta, mit und ohne seinen obligaten Schlusssatz und epochale Telefonate während der Zeit, in der die Welt fast stillstand.

Wie bei allen unseren Büchern fließt der Erlös ausschließlich dem gemeinnützigen Verein „Kretahilfe e.V." zu.

© 2021 Niko Papadakis
Herstellung und Verlag: BoD- Books on Demand, Norderstedt.
ISBN: 9783752621952
Bibliografische Information der Deutschen Nationalbibliothek
Die Deutsche Nationalbibliothek verzeichnet diese Publikation in der Deutschen Nationalbibliografie; detaillierte bibliografische Daten sind im Internet über http://dnb.d-nb.de abrufbar.

Nikos erzählt…

Geschichten aus Kreta

Texte: Niko Papadakis
Lektorat: Helga Papadakis

Kapitel 1

Kurioses / Skurriles / Bizarres

Kapitel 2

Die Corona Telefonate

Phänomen Toilettenpapier
Kostas und die Luxustaschen
Kostas und der Freiflug
Kostas und das Duschen
Kostas Einschlaftipps
Kostas und die Schulküchen
Kostas und die Sommerkrankheiten
Kostas und die Millionäre
Kostas und die Kleptomanie
Kostas Geburtstagsfeier
Kostas und die Glatze
Kostas und die Kindersprüche
Kostas und der Tag des Kusses
Kostas und die Erkältung
Kostas und der Exorzismus
Kostas und die Fledermäuse
Kostas und das horizontale Gewerbe
Kostas und das große Kino
Kostas und die Schulden
Kostas und die genialen Erfindungen
Kostas und sein geheimer Berufswunsch
Kostas und die Motivation
Kostas und die Kinder
Kostas und die starken Frauen
Kostas und das Frauenhaus
Kostas und die Verschwörungstheorien

Testpersonen

Antonis ist ein Nachbar in Heraklion, den wir bislang noch nicht gesehen hatten. Er war öfters ein Thema, wenn man sich die Frage stellte, wie kommt man schnell an viel Geld, denn Antonis, wie mir Kostas einmal berichtete, fährt alle halbe Jahre ein neues Auto, ist immer wieder für einige Wochen nicht in der Stadt, um dann mit einem total veränderten Outfit wieder herumzustolzieren. Ich sagte vorhin „bislang", denn an diesem Nachmittag sollte es soweit sein. Antonis hatte Kosta angerufen, er wolle seinen Cousin aus Deutschland, also mich, treffen. So kam an diesem Nachmittag ein groß gewachsener Mann Mitte dreißig in einem Armani- Anzug in unseren Hof. Stellt mir nicht die Frage, wie ich erkannt habe, dass es ein Armani- Anzug war, ganz einfach, an beiden Jackenärmeln waren entsprechende Etiketten aufgenäht und bereits beim zweiten Satz, den Antonis sagte, ging mir der Hut, den ich nicht anhatte, hoch. Ich nehme es vorweg, ich habe ihm das Wort „Arschloch" nicht ins Gesicht gesagt.

Antonis hatte in den vergangenen Jahren mehrfach an klinischen Studien teilgenommen. Diese fanden in Birmingham statt. Er berichtete, dass die Tagessätze zwischen 300. —und 500. —Euro liegen und diese nach dem Risikofaktor berechnet werden. Nebenwirkungen sind halt immer möglich, was ein Blick auf den Beipackzettel jeder Tablettenschachtel beweist. Die Teilnahme an diesen Studien ist freiwillig, wobei der Verdienst pro Woche das Mehrfache eines Monatsverdiensts in Heraklion ist. Als ihn Tante Filareti fragte, ob er nicht Angst hätte, sich mit irgendeiner Krankheit anzustecken, meinte er sehr herablassend, dass er nicht nur über 3000.—Euro in der Woche kassieren würde, sondern auch die Anreisekosten wären bezahlt und die 5-Sterne- Verpflegung wäre nicht zu verachten. „Wissen Sie, Oma," sagte er, wobei Filareti beim Wort Oma immer zusammenzuckt, „wissen Sie, die Nebenwirkungen sind nur temporär und man schließt auch eine Versicherung ab, um mögliche Folgeschäden abzudecken."

Antonis berichtete stolz über seine „Profession" und sagte, dass die Firma in England von einem amerikanischen Großkonzern übernommen wurde und die Studien jetzt in den USA stattfinden. Da ihm das zu weit war, dachte er, dass ich ihm helfe, sich in Deutschland für so eine Studie zu bewerben.

Bei der Beantwortung seiner Frage kam mir zur Hilfe, dass ich vor einiger Zeit las, dass die Autoindustrie menschliche Probanden für Abgasexperimente suchte. Parallel dazu waren folgende Zahlen zu lesen: In einem Jahr finden Testversuche an fast zwei Millionen Mäusen, 312 Tausend Ratten, 300 Tausend Fischen, 96 Tausend Kaninchen, 39 Tausend Hühnern, 18 Tausend Vögeln, 17 Tausend Schweinen und nicht zu vergessen die Menschen, die sich dafür zur Verfügung stellen.

Als Antonis ging, waren fast alle sprachlos. Tante Filareti meinte: „Wie kannst Du ihm versprechen, dass Du dich informieren willst, sowas ist doch gottlos!" Eleni meinte, dass er glasige Augen hätte und er bestimmt irgendwelches Rauschgift zu sich nimmt. Meine Frau mit medizinischen Vorkenntnissen stimmte Eleni zu, nur Kostas grinste in die Runde und meinte: „Lieber Gott, wir haben doch nur ein Leben, danke dass ich es als Grieche leben darf."

Kostas auf Diät

Eines möchten Kostas und ich nicht hören und zwar, dass wir keinen Sport betreiben. Kostas zum Beispiel ist ständig damit beschäftigt, die diversen Fernbedienungen hochzuheben, zu drücken und niederzulegen, und das

von morgens früh bis spät in die Nacht. Aber mal Ernst bei Seite. Ernst ist mein alter Kumpel, der es geschafft hat, innerhalb von nur einem halben Jahr über 15 Kilo abzuspecken. Das hatte ich mal nebenbei erwähnt und Eleni sprang sofort auf das Boot auf und meinte zu ihrem Gatten, dass er es auch mal versuchen sollte, da Kostas inzwischen 65 Jahre alt, 120 Kilo schwer, starker Raucher und mit einer schwachen Lunge ausgestattet war. „Frag mal deinen Freund", sagte Eleni, „wie er das geschafft hat. Kostas spielt mit seinem Leben, er vespert von morgens bis abends und wenn es ihm langweilig ist auch mal zwischendurch." Daraufhin habe ich Ernst eine E-Mail geschrieben und er berichtete keine zwei Stunden später über seine 8 verschiedenen Diäten. Mit den ausgedruckten Blättern marschierte ich in den Hof, wo Kostas seine zweite Tasse Schokotrunk zu sich nahm. „Ich brauche sicherlich auch acht Diäten, weil ich ja von einer allein nicht satt werde", sagte er und zündete sich eine weitere Zigarette an.
Da wäre als erstes die Osteoporose-Diät: Die Proteine sollen aus pflanzlichen Quellen kommen und man braucht nicht zu glauben, dass der Verzehr von großen Mengen Milch ausreicht. Auch auf Cola-Getränke soll man verzichten, da der Softdrink Koffein, Phosphate und Fructose enthält, was Kalzium aus den Knochen zieht. Mineralwasser zu trinken wäre der erste Diätratschlag.
Dann die Rheuma-Diät. Hier ist zu beachten, dass Fleischprodukte massiv reduziert werden. Fisch kann jedoch verzehrt werden, da die Fischöle als Gegenspieler auf die Fettsäuren wirken. Fisch essen statt Fleisch ist der zweite Diätratschlag.
Die Migräne- Diät. Hier streiten sich die Gelehrten immer noch, aber die neuesten Studien zeigen, dass je weniger Kohlenhydrate eingenommen werden, umso geringer die Wahrscheinlichkeit ist, Migräne zu bekommen. So haben Forscher in Rom festgestellt, dass die Anzahl der

Migränetage von 5 auf 1 im Monat reduziert werden kann, allerdings wird man mit Müdigkeit und Übelkeit bestraft.

Die Bluthochdruck- Diät besagt, dass man den Salzstreuer weit von sich entfernen und dass Salziges wie Wurst oder Kartoffelchips gemieden werden soll. Außerdem sind Linsen, Datteln und Spinat hier nützliche Helfer, da sie besonders viel Kalium besitzen.

Die Schnupfen- Diät: Viele glauben, dass Vitamin C der Heilbringer ist, jedoch ist erwiesen, dass Zink eine bessere Wirkung gegen Schnupfen hat. Hohe Zinkwerte haben Leber, Haferflocken und die gute alte Hühnersuppe und damit hat man auch eine Waffe gegen Schwellungen der Atemwege.

Nicht zu vergessen, stand in der E-Mail von Ernst, die Antidepressions- Diät.

Schokoladensucht, Heißhungerattacken oder Alkoholmissbrauch, das können Symptome einer Depression sein.

Ernährungswissenschaftler der Uni Melbourne haben festgestellt, dass die kretische Ernährung die gesündeste ist und Depressionen durch eine solche Ernährung wirksam bekämpft werden können.

Wie von einem Mückenschwarm gestochen stand Kostas auf und bat um ein Schlusswort. „Ich kenne Ernst nicht", sagte er. „Aber diese Nachrichten zeigen wieder einmal deutlich, was ich sage und vorlebe." Er machte eine Verschnaufpause und schloss: „Lieber Gott, wir haben doch nur ein Leben, danke dass ich es als Grieche leben darf."

Kostas und der Reha-Sport

Irgendwann ist jeder dran. Wenn das Ersatzteilalter beginnt, dann beginnen auch die Zipperlein, die Glieder schmerzen, die Beine wollen nicht mehr so wie früher. So geschehen auch bei mir vor einiger Zeit, als der

Orthopäde meines Vertrauens meinte, ich müsste Muskelaufbau betreiben und mir 50 Stunden Reha-Sport verordnete. Das erste was ich sagte war: „Erbarmen", das zweite war der Griff zum Telefon, um Kosta darüber zu berichten und auch um zwei drei Nebensächlichkeiten zu besprechen. „Wo machst Du diese Anwendungen?" fragte mich Kostas und ich informierte ihn, dass ich im Nachbarort ein Fitnessstudio gefunden habe, das auch Reha-Sport anbietet. „Oh", meinte Kostas, „Fitnessstudio, lauter junge hübsche Frauen und Du alter Sack als Hahn im Korb." Zwei Wochen später war die erste Stunde angesagt. Der Kurs begann montags und mittwochs um 10:00 Uhr und dauerte gute 50 Minuten. Meine Frau kaufte mir einen Trainingsanzug. Hier sollte ich erwähnen, dass es der erste in meinem Leben war, ein Anzug mit so einem Zeichen eines Herstellers, der weltweit bekannt ist, weltweit viel Geld verdient, jedoch irgendwo in einem Billiglohnland fertigen lässt. Dieser Anzug war schwarz und stromlinienförmig mit dazugehörendem schwarzem T-Shirt, so dass ich wie ein Kaminfeger aussah, der für die nächsten olympischen Spiele trainiert. Manchmal erwischte ich mich dabei, dass ich mich wie die Schornsteinfeger bei Mary Poppins bewegte.

Also machte ich mich an diesem Tag auf den Weg zum Fitness-Studio, betrat die Halle und siehe da, wirklich nur Frauen zu sehen, aber, ich sage es mal so und wirklich ohne Arglist und Hintergedanken, lauter Frauen im mittleren Alter, die nicht alle so aussahen wie die kurvigen Models aus der Werbung. Die eine hatte Probleme mit den Knien, die andere mit der Hüfte oder Schulter. Ich zählte und kam auf 15. In der Sekunde öffnete sich die Tür und zwei Männer betraten den Raum. Schlussendlich waren wir 15 Frauen, drei Männer und eine Trainerin.

Also doch kein Hahn im Korb.

Jeder der mich etwas genauer kennt weiß, dass ich nicht nur Käse über alles hasse, sondern auch das aktive

Sportliche eher anderen überlasse. Ich weiß, es ist nicht gut, nicht ok, aber bislang war es so und ich betone das Wort „bislang".

Mein Arzt meinte, dass der Rehabilitationssport eine ergänzende Maßnahme im Rahmen der medizinischen Rehabilitation darstellt. Die positiven Auswirkungen auf die Gesundheit sind unumstritten. Ich möchte betonen, dass das mein Arzt sagt, nicht ich. Alltagsbeschwerden werden vermindert. Das Risiko, Folgeerkrankungen zu erleiden, sinkt enorm. Ok, das hat mich jetzt überzeugt. Da meine sportlichen Aktivitäten sich bislang darauf beschränkten, den VfB Stuttgart im Stadion oder vor dem Fernseher zu unterstützen, war ich, als die erste Stunde, ich will ehrlich sein, 50 Minuten, vorbei war, auf gut schwäbisch: knock-out, geschafft, kaputt, dahin, hää. Ich erdachte mir im Laufe dieser 50 Minuten Ausreden, die ich für den Folgetermin bringen konnte, um eben nicht noch einmal diese Tortur über mich ergehen lassen zu müssen.

Es versteht sich, dass ich irgendwo eine Voodoo-puppe organisieren musste, die natürlich wie die Kursleiterin Andrea heißen sollte, um einen fernen Zauber herbei zu rufen.

Dann stellte ich mir diese Andrea, die in Wirklichkeit eine sehr sympathische, sehr nette, mit Sicherheit ihr Fach beherrschende Frau mit viel Witz als Peitsche schwingende Antreiberin auf einem Schiff voller Galeerensklaven wie im Film „Ben Hur" vor. Manchmal auch als fiese Direktorin Fräulein Knüppelkuh, die von Pam Ferris im Film Matilda so wunderbar dargestellt wurde. Wer diesen Klassiker der 90er Jahre nicht kennt, sollte sich den unbedingt anschauen. Dieses Fräulein Knüppelkuh machte der kleinen Matilda das Leben schwer, bis sich diese für all die Schikanen rächte. Der Gedanke daran, Andrea alles zurück zu zahlen, machte mir die Stunde erträglicher. Nach der dritten oder vielleicht schon vierten Woche wendete sich das Blatt und die Reha-Sport Stunden begannen mir Spaß zu machen, weil einfach auch die Gelenke spürbar besser wurden. Und nach der zwanzigsten Stunde ungefähr fragte mich Kostas frotzelnd: „Na wie geht es Dir in Deiner Rentnergang?" Klar, dass ich hier massiv widersprach und es versteht sich, dass ich alle Teilnehmer der Gruppe in Schutz genommen habe. Was Andrea betrifft gebe ich zu, dass ich ihr nicht das antun werde, was Fräulein Knüppelkuh passierte, aber so ohne eine Strafe kommt sie mir nicht weg. Eine gute Flasche Wein oder leckere Pralinen müssen schon drin sein, die ich ihr erst dann schenke, wenn ich tatsächlich zu den Favoriten der Olympiateilnehmer zähle. "Lieber Gott, wir haben doch nur ein Leben, danke dass ich es als Grieche leben darf", sagte Kosta und holte noch einmal tief Luft: „Wie gerne würde ich bei der nächsten Reha-Sport Stunde mitmachen"

Kostas und die Alltagsfragen

Als wir vor kurzem in Athen waren und ich den Taxifahrer nach einer Adresse fragte, meinte er: „Da frage ich doch kurz Onkel Google." Und als unser Sohn und ich keinen gemeinsamen Nenner über irgendetwas Banales hatten, meinte er: „Warte, ich schau gerade bei Google nach." Ich kann mich noch sehr gut daran erinnern, als ich meine erste eigene Wohnung hatte und nicht wusste, wie man Fleischküchle zubereitet. Da griff ich zum Telefon und rief Mama an. Sie hätte es mir damals auch sagen können, nein sie kam zu Fuß eine Dreiviertelstunde später und bereitete die Hackfleischmischung vor.
Heute kann ich leider nicht mehr meine Mutter fragen. Google ist jetzt für Fragen zuständig, und ob ich nach dem besten Krawattenknoten oder dem besten Abführmittel frage, Google weiß die Antwort. Wenn ich Kosta richtig verstanden habe, hat er einmal gelesen -

Kostas weiß halt vieles-, dass man in den USA und Asien am meisten Hilfe beim Reparieren der Toilettenspülung sucht, in den russischen Gebieten eher, wie man eine Waschmaschine repariert. Gemäß einer Studie von Google sind die meisten Fragen, die man stellt, Fragen über Sex, Essen und gutes Aussehen.

Da Kostas alles irgendwo aufbewahrt, kam er nach einer Toilettenpause zurück in den Hof und brachte eine Aufzählung mit, in der zu lesen war, welches die zehn meisten Suchbegriffe sind:

Wie nimmt man schneller ab
Wie bindet man eine Krawatte
Wie küsst man
Wie wird man schwanger
Wie zeichnet man
Wie macht man Pfannkuchen
Wie verdient man leicht Geld
Wie macht man einen French Toast
Wie schreibt man ein Anschreiben
Wie verliert man Bauchfett.

Schnell erkennt man hier, dass die Wie- Fragen am meisten vorkommen und laut der Google- Studie sind diese in den letzten zwei Jahren um über 140 Prozent angestiegen.

Irgendwann an diesem Nachmittag schaute Kostas auf die Uhr, sprang mit seinem drahtigen Zwei-Zentner-Körper hoch und fluchte: „Mist, ich habe vergessen, Eleni abzuholen, wie komme ich jetzt zu einer guten Ausrede?"

„Die Straßenbahn hat sich verfahren." Gut, aber in Heraklion gibt es keine Straßenbahn.

„Ich hatte ein Problem mit dem Raum-Zeit-Kontinuum: Zu viel Raum, zu wenig Zeit." Besser, aber Eleni würde trotzdem schimpfen.

„Ich habe beim Bäcker hinter einer alten Dame gestanden, die alles in Ein-Cent-Stücken bezahlt hat." Auch gut, aber am Sonntagnachmittag haben die Bäcker geschlossen.

Kostas war ratlos, suchte nach guten Ausreden bei Google und fand: „Ich arbeite gerade an einem neuen Zeitmanagement und habe heute während der Testphase versagt. Morgen wird alles besser." Als die beiden über eine Stunde später zurückkamen, grinste Kostas über alle vier Backen: "Lieber Gott, wir haben doch nur ein Leben, danke dass ich es als Grieche leben darf, und bitte lass Google lang leben."

Ein Theaterabend in Pforzheim

„Ich liebe es, Theater zu spielen. Es ist so viel realistischer als das Leben", sagte einmal Oscar Wilde. Meine Frau wie auch ich zählen zu der Gruppe der Theatergänger, sei es Oper oder Operette, ein Schauspiel von Kleist oder ein Stück von Florian Zeller. Dass man im Theater Menschen aller Couleur findet, macht ja auch den Reiz aus. Ebenso ist die Kleiderordnung meiner Meinung nach Gott sei Dank nicht mehr so streng wie zu den Zeiten der klassischen Wiener Operette. Man sieht Abendkleider neben ausgefransten Jeans, einen Frack neben einem Rollkragenpullover. Dienstagabend 20:00. Das Musical „La Cage aux Folles" stand auf dem Programm. Ein Paradebeispiel an Toleranz und Lebensfreude, und die hatten wir nicht nur auf der Bühne an diesem Abend. Wir saßen circa 10 Minuten vor Vorstellungsbeginn schon auf unseren Plätzen, direkt hinter uns drei junge Frauen Mitte Zwanzig. Das Gemeinsame an ihnen war sicherlich nur die Tatsache, dass sie sich kannten. Die eine war groß, blond und ungeschminkt, die zweite etwas molliger mit mindestens drei Kilo Farbe auf ihrem Gesicht, die dritte hatte einen Hut auf, so dass ich sie beim ersten Blick nicht so richtig beschreiben konnte. Zwangsläufig musste ich das

Gespräch der dreien mitanhören, erstens waren sie wie gesagt exakt hinter uns und zweitens hätten sie auch dreißig Meter entfernt sein können, sie sprachen so laut, dass unter Umständen Kostas in Heraklion mithören könnte. Das Gespräch ging in erster Linie über das Theater. Die eine meinte, dass sie in Karlsruhe „Hair" gesehen hat mit total nervigen Darstellern und total nervigen Stimmen. Die andere hatte über „Kiss me Kate" zu meckern, das war in Bad Hersfeld und die Choreographie war so schlecht und das Bühnenbild erst. Die dritte sagte jedes Mal nach einem Halbsatz der ersten beiden lediglich: „Genau, so sehe ich es auch." „Ja und „Cabaret" im alten Schauspielhaus in Stuttgart, ach das war eine Katastrophe, die Musik so laut und dann hat sich tatsächlich ein Sänger im Ton vertan und hat drei Oktaven tiefer angefangen zu singen. Wirklich skandalös." „Genau, so sehe ich es auch." „Könnt ihr Euch an das Stück erinnern, dass wir gemeinsam in Karlsruhe gesehen haben?" fragte die erste. Bevor die dritte „Genau, so sehe ich es auch" sagen konnte, fragte die zweite, welches Stück sie meinen würde. Die erste dachte nach und sagte: „Das mit dem Krug, der solange zum Brunnen geht". „Du meinst Romeo und Julia?" fragte die zweite. „Nein, das mit dem Bürgermeister oder Gerichtsvollzieher," meinte die zweite. Man einigte sich, dass dieses Stück ebenfalls sehr schlecht gewesen sei, vor allem die Art, wie die Schauspieler gesprochen hätten.

Die Vorstellung begann, der erste Akt war zu Ende, da legten die Schnattergänse wieder los. Die eine wusste von einem total nervigen Stück zu erzählen, die zweite von einer Aufführung in Ludwigsburg. Die dritte meinte: „Ja wir drei haben ja Köpfchen, aber achtzig Prozent der Theaterbesucher haben ja nichts auf der Pfanne." Just in diesem Moment drehte ich mich um und schaute das Trio direkt an. Die zweite, die vor der Vorstellung einen Farbeimer über sich geworfen hatte, blickte nach unten und die anderen zwei folgten ihrem Blick. „Nur zur Info für Sie meine Damen, " sagte ich. „Wenn Sie das Maß aller Dinge sind, gehöre ich sehr gern zu den achtzig Prozent", drehte mich um und ging mit meiner Frau zu einer Pausen-Cola ins Foyer. Als wir zurückkamen, kam kein Laut aus der hinteren Reihe. Wenn ich jetzt Kostas wäre würde ich sagen: "Lieber Gott, wir haben doch nur ein Leben, danke dass ich es als einer der 80 Prozent der Theaterbesucher leben darf."

Kosta's Vitamin-ABC

Wir wissen, dass in Deutschland mehr als 35% der Bürger Vitamintabletten als Ergänzung zu sich nehmen. Nahrungsmittelergänzungen sind auch keine Medikamente, sondern gehören der Obergruppe Lebensmittel an, und wer sich einigermaßen gesund ernährt, benötigt sie nicht. Die Spezialisten warnen z.b. Raucher sogar davor, zusätzlich Beta-Carotin einnehmen, Studien zeigen, dass sich das Risiko von Lungenkrebs dadurch erhöht. Ernährungsexperten wie mein Cousin Kostas setzen sowieso nur auf natürliche Lebensmittel. „Es lebe Obst und Gemüse" sagt er immer, und der Griff zu Orangen und Trauben ist sinnvoller als ein Tabletten-Präparat.
An einem unserer Nachmittage im Hof, als der Tisch voller Trauben, Erdbeeren, Birnen und Wassermelonen war, berichtete Kostas von seinem Vitamin- ABC, das zwar nicht alphabetisch sortiert aber sehr interessant zu hören war.
Der Plan für den Nachmittag war, zum Markt und zu unserem Lieblingssupermarkt zu fahren, da der Kühlschrank recht spärlich befüllt war.

Tante Filareti, die mit ihren 94 noch so vital ist wie man halt mit 94 sein kann, pflichtete, den Mund voller kernloser Trauben, Kosta zu.

Leber, Nieren und Käse erhalten Vitamin B12, das zum Abbau bestimmter Fettsäuren wichtig ist. Paprika, Brokkoli und Hagebutten unterstützen die Bildung des Bindegewebes mit Vitamin C. Fisch, Eier und Hülsenfrüchte haben Pantothensäure und regen den Fettstoffwechsel an. Eigelb, Sonnenblumenöl und Leber sind an der Bildung vom Knocheneiweiß beteiligt, zusammen mit Vitamin K. Dass fetter Fisch und Milchprodukte den Aufbau der Knochensubstanz mit Vitamin D regulieren, ist sicherlich bekannt. Für die Funktionsweise der Augen und das Zellwachstum hilft Vitamin A, das in Karotten, Käse und Spinat zu finden ist. Linsen, Bohnen, Erbsen und Schweinefleisch haben viel Vitamin B, das den Energiestoffwechsel der Körperzellen positiv beeinflusst. Das Vitamin B6, das in Fleisch, Nüssen und Bohnen zu finden ist, hilft bei der Bekämpfung biochemischer Prozesse des Stoffwechsels. Ein Mangel verursacht unter anderem Hautausschläge, Blutarmut und Taubheit.

Den Mund jetzt mit aromatischen Erdbeeren voll, stand Tante Filareti auf, um sich einen Zettel und einen Stift zu nehmen, wobei sie hier die Rückseite des Einkaufszettels nahm, den meine Frau am Vormittag geschrieben hatte, und notierte einiges von dem, was Kostas gerade berichtete. Meine Frau und ich schauten uns an und dachten gleichzeitig, dass wir längst zum Einkaufen fahren wollten, aber Tante Filareti meinte, dass die Worte von Kosta so wertvoll wären, dass wir uns darüber noch ausführlicher unterhalten müssten. Nebenbei machte sie sich weiter an die Arbeit, Notizen zu machen. Die Uhr tickte und da wir abends noch zu einer Veranstaltung wollten, wurde es eng. Klar konnten wir gehen, aber so ohne Einkaufszettel hätten wir zwar vieles eingekauft, nur

nicht das, was dringend notwendig war. Es würde bestimmt nicht lange dauern, dachten wir und zogen uns um, um hier nicht noch mehr Zeit zu verlieren. Gesagt, getan, und als wir wieder in den Hof kamen, sahen wir, wie etwas im Aschenbecher noch vor sich hin glomm. Es war nichts anderes als der Einkaufszettel, den Tante Filareti einfach zerknüllte und verbrannte, weil sie sich, so ihre Worte am nächsten Morgen, verschrieben hatte. Wir gingen schließlich zum Supermarkt, ohne Einkaufszettel, den wir dann doch nicht benötigten, weil meine Frau nur Gesundes wie Obst, Nüsse, Bohnen, Fisch und Leber einkaufte.
Wie sagt Kostas so schön: „Lieber Gott, wir haben doch nur ein Leben, danke dass ich es als Grieche leben darf."

Wie ich beinahe nicht geboren worden wäre

Der Tag begann damit, dass ich erfahren musste, dass ich beinahe nicht geboren worden wäre.
Tante Filareti erschien am Fenster und fragte mich, wer ich sei. Ich kam etwas näher und dann erkannte sie mich auch und wunderte sich, dass wir noch in Kreta wären.
Ich sagte ihr, dass wir erst am Folgetag abreisen würden und sie meinte, dann hätten wir noch drei Tage Zeit, uns zu unterhalten. Ich wiederholte, dass wir am nächsten Tag abreisen und sie fragte, wann wir wiederkommen. Ich sagte ihr Mitte Juli und sie nahm ihre Finger zur Hilfe und zählte: „Januar, Februar…" Wir unterbrachen sie, da es ja schon April war. „Oh", meinte sie, „April, September, Juni, Juli, ihr seid in drei Monaten da, ja da werde ich noch da sein, sterben werde ich später." Ohne Punkt und Komma fuhr sie fort, dass sie die älteste von vier Geschwistern wäre und die Einzige, die noch leben würde. „Ja, Deine Mutter ist als erste von uns gegangen, dann unser Bruder, dann Thassoula, und ich bin noch übrig, sicherlich will Gott mich damit bestrafen."

Sie holte tief Luft und fragte, ob ich die Geschichte kennen würde, dass mein Großvater es lieber gesehen hätte, wenn meine Mutter den anderen Georgio geheiratet hätte. Ich fragte kleinlaut: „Welchen anderen Georgio?" Und Filareti erzählte: „Es war 1951, da hatte meine Schwester, Deine Mutter, ihr Studium abgeschlossen und sich im zweiten Gymnasium in Heraklion beworben. Dort hätte sie auch eine Stelle als Lehrerin bekommen. Der Vizedirektor, ein gewisser Georgios wie auch immer, hatte ein Auge auf Deine Mutter, die damals 24 Jahre alt war, geworfen. Dein Großvater hätte das gerne gesehen, da dieser Georgios der dritte Sohn seines Kumpels Apostolos war und Apostolos war der Vorsitzende der Kleinhändler in Heraklion. Du weißt, dass Dein Großvater im Pelzhandel tätig war." Ich nickte und Filareti zündete sich die dritte Zigarette in der letzten viertel Stunde an. Sie fuhr fort: „Also eines Tages kam dieser besagte Georgios zum Geschäft Deines Opas und sagte, dass er große Chancen sehen würde, meiner Schwester, also Deiner Mutter, die freie Stelle im Gymnasium zu geben. Bei der Gelegenheit möchte er erwähnen, dass sie im auch sehr gut gefallen würde, sie sei so eine wunderbare Erscheinung, so dass er Deinen Opa bitten möchte, ihm die Erlaubnis zu geben, um ihre Hand anzuhalten. Dein Großvater war gar nicht abgeneigt und ermutigte diesen studierten Georgio, und eines Abends beim Abendessen, das stets um 21:00 Uhr eingenommen wurde, erzählte er so nebenbei, dass er eine erfreuliche Begegnung gehabt hätte und schaute dabei intensiver meine Mutter an, die verschämt blickend das Abendessen zu sich nahm." Filareti nahm einen langen Zug, pustete den Rauch mir voll ins Gesicht und berichtete, dass meine Mutter mit einem jungen Mann, der auch Georgios hieß, seit einigen Wochen angebändelt hatte. Dieser Georgios war bei der Polizei und sah meine Mutter zum ersten Mal in der Parfümerie, in der sie jobbte. Er war als Verkehrspolizist auf einer Kreuzung eingeteilt und jedes Mal, wenn meine

Mutter die Straße überqueren wollte, hielt er den Verkehr auf. Dies hatte meine Mutter mir viel später des Öfteren erzählt. Filareti berichtete, dass dieser Verkehrspolizist, also mein Vater, meiner Mutter bei einem geheimen Treffen sagte, er würde ihren Vater besuchen, um ihm zu sagen, dass er seine Tochter lieben würde. Meine Mutter verbot ihm dieses, da sie wusste, dass ihr Vater zwar ein sehr gutmütiger aber auch strenger Patriarch war. Als nun ihr Vater von einer erfreulichen Begegnung sprach, dachte sie, dass „ihr" Georgios ihn aufgesucht hatte. Die Röte auf ihrem Gesicht verstärkte sich. Der Großvater fuhr fort, dass er von Georgios sehr angetan wäre, dieser hätte sehr gute Manieren und hätte durch seinen Beruf und die Familie, die hinter ihm steht, eine große Zukunft vor sich. "Du bist die jüngste meiner Töchter und da die anderen zwei schon verlobt sind, wäre ich nicht abgeneigt..." In diesem Moment sprang meine Mutter hoch, küsste ihren Vater und sagte: „Danke lieber Vater, ich freue mich sehr, dass Dir Georgios gefallen hat, und was seine Familie betrifft, ist sein Vater zweiter Bürgermeister in Florina und seine Geschwister haben Studienberufe." Da ich damals ja noch nicht geboren war, kenne ich diese Story nur vom Hörensagen. Ich weiß, dass die Geschichte sehr eskaliert ist. Meine Mutter mit ihren 24 Jahren erhielt Stubenarrest und trat in einen Hungerstreik, der nie einer war, weil Filareti ihr immer etwas zugeschoben hatte. Sie beendete ihn erst, als mein Großvater eingewilligt hatte, nachdem er erfahren hatte, dass dieser Georgios nicht nur Polizeibeamter, sondern auch Zahntechniker war. Beide heirateten an einem 05. Oktober und nach knapp einem Jahr kam ich zur Welt. Wie die Tante Filareti meinte, war ich ein wunderschönes Baby, und hier widersprach ich auch nicht.

Was wäre jedoch gewesen, wenn meine Mutter den anderen Georgios geheiratet hätte…. darüber möchte ich lieber nicht nachdenken. Wie sagt Kostas so schön: „Mein

Gott ich habe doch nur ein Leben, Danke dass ich es als Grieche leben darf."

Vom lecker Essen gehen

Es ist Karwoche, Fastenzeit, und somit haben die herkömmlichen Speisekarten keine Gültigkeit. Am besten man fragt den Kellner, was es gibt und so spart man sich Zeit und die Vorfreude auf die eine oder andere Leckerei. Wir also auf dem Weg zu einem unserem Lieblingslokale in Heraklion. Von weitem schon sah ich, dass es hier nicht nur Fastenessen gab, auch die Standard-Speisekarte hatte ihre Gültigkeit. Lammbratengeruch kitzelte mir in der Nase, doch wie fast zu erwarten war, „Ligo krasi, ligo Thalassa" war rappelvoll und es standen draußen mindestens zehn Personen, die darauf warteten, dass ein Tisch frei wird. Ok, Pech gehabt, aber um den Block war ja auch das „Ladokola", ein Lokal, das uns von Möchtegern- Gourmets mal empfohlen wurde, das wir aber bis dato noch nicht aufgesucht hatten. Umso erfreulicher war die Tatsache, dass auch ein Zweiertisch frei war und wir, nachdem der Ober genickt hatte, auch Platz nehmen durften. Kaum saßen wir, wurde schon ein Brotkorb und ein kleiner Teller Oliven auf den Tisch gestellt und der freundliche Kellner brachte uns einen Zettel, auf dem die angebotenen Gerichte zum Ankreuzen aufgeführt waren. Es gab nur Fisch- und Hühnergerichte sowie einige „Pampen". Meine Frau schaute mich an, ich las inzwischen Octopuskroketten in Mintsoße oder Marinierte Hühnerbrust in Oregano-Pfeffer-Soße. Der Blitz traf mich, es gab aber auch gar nichts, was ich bestellen konnte und in dem Moment, als der Kellner kam um die Bestellung aufzunehmen, standen wir auf und gingen. Seinen fragenden Blick beantwortete ich damit, dass ich einen Anruf bekommen hätte und wir schnell gehen müssten.

Das war der Gründonnerstag. Um Gottes Willen, nicht dass jemand uns bemitleidet und denkt, wir wären hungrig zu Bett gegangen, in einer Seitengasse fanden wir eine kleine Taverne und der gegrillte Tintenfisch schmeckte hervorragend.

Am Karfreitag nach der Epitaph- Feier und nachdem wir der Prozession einige Zeit gefolgt waren, fanden wir einen Tisch für 6 Personen in der Marktgasse bei „50:50". So heißt das Lokal tatsächlich, vermutlich weil die Betreiber nicht wissen, wieviel Leute zufrieden und wieviel unzufrieden die Lokalität verlassen. Meine Statistik würde 10 zu 90 lauten, aber der Reihe nach. Die Speisekarte kam schnell und schneller, als ich es von unseren kretischen Verwandten gewohnt bin, wurden alle Wünsche auf der besagten Speisekarte angekreuzt. Fawa und Zucchini frittiert, Kalamari, Tarama- Salat, Bauernsalat, diverses Gemüse aus der Pfanne, Bakaliaros sowie sonstige Leckereien. Der Bauernsalat war nicht angemacht, nach dreimaliger Bitte, Essig und Öl zu bringen, gaben wir es auf. Das Fawa sollte mit Olivenöl serviert werden, kam aber trocken und ausgerechnet mein Bakaliaros kam gar nicht. Alle waren satt und der Ranzen spannte, zufrieden jedoch war keiner, und mein Magen knurrte. Als der Fisch dann nach einer deutlichen Reklamation endlich serviert wurde, strahlten meine Augen, um kurze Zeit später den Kellner mürrisch anzuschauen. Wenn ich hundert Mal im Leben Bakaliaro gegessen habe, dann war dieser der zweihundert-schlechteste. Neffe eins sagte, er hätte genug. Neffe zwei bat um die Rechnung, die aber nur in Form einer gedruckten Auflistung kam, eine gängige Art, wie ich erfuhr, um die Steuer zu sparen, da der Bon nicht über die Registrierkasse läuft. Die Steuerbeamten sind sehr scharf darauf. Neffe 2 bat erneut um eine korrekte Rechnung, die dann auch kam. Er sagte zum Kellner: „Wenn ich ohne Öl, Essig und Gewürze essen möchte, dann gehe ich in die Klinik, nicht in ein Restaurant."

Der Kellner schaute dümmlich, aber sicherlich ist es ein gutes Bewerbungskriterium, dümmlich zu schauen, um in diesem Lokal arbeiten zu dürfen. Wir gingen, ohne ein Cent Trinkgeld zu geben. Es war übrigens das allererste Lokal, in dem wir keinen kretischen Raki oder irgendetwas als Nachtisch bekamen. Enttäuscht und mit einer kleinen Wut im Bauch gingen wir nach Hause. Neffe 1 machte einen Abstecher und holte sich ein Gyros mit Pita und ich verputzte die Kekse, die ich zuvor als Mitbringsel für die lieben Kinderlein gekauft hatte. Wie sagt Kostas immer so schön: „Lieber Gott ich habe nur ein Leben, danke, dass ich es als Grieche leben darf."

Einige Stunden in der Stadt

Karsamstag. Meine Frau wollte die Wohnung etwas auf Vordermann bringen und bat mich, diverse Kleinigkeiten in der Stadt zu erledigen. Mein Weg führte über die Vigla, wo die Autos immer so parken, dass es bewundernswert ist, wie man um die Kurve kommt. Man muss es mal gesehen haben um es zu begreifen. Jedes Mal schimpfen wir und siehe da.... Endlich hat die Polizei was unternommen und die Nummerntafeln von mindestens zwanzig Autos entfernt. Das heißt im Klartext, dass der jeweilige Fahrer innerhalb von drei Tagen zur Polizeiwache kommen muss, um die Nummernschilder mit einem Obolus von €80. — auszulösen, wenn nicht, steigt der Preis auf € 150.--. Dann traf ich Jannis, unseren „Eiermann". Er betreibt einen kleinen Laden und verkauft Eier, Butter, Käse und sonstige Bio-Produkte. Von ihm beziehen wir immer das Olivenöl, das wir mitnehmen, sowie Raki und Rakomelo, Petimezi nicht zu vergessen. Er war von den aktuellen neuen Steuern gar nicht angetan, sagte jedoch, dass es zwingend notwendig wurde, konsequent die Gesetze durchzusetzen, was diese Regierung aktuell versucht. Ich bestellte das Olivenöl und den Raki und mein Weg führte mich zum Plattengeschäft von Thano. Freunde hatten mich gebeten, zwei CDs zu besorgen und als ich das Gewünschte äußerte, schaute er mich an, wie wenn ich der größte Wegelagerer Heraklions wäre. „So eine Scheiße kommt mir nicht in den Laden" meinte er und ich musste ohne eine CD von Glykeria gehen. Warum gibt es nicht auch bei uns in Deutschland so Mutige, die alle Helene- Fischer- CDs aus den Regalen verbannen? In der Apotheke von Frau Katerina wollte ich dann die bestellten Medikamente für die soziale Arztpraxis abholen. Da ich vorher schon einige Zeit vertrödelt hatte, wollte ich mich hier beeilen. Es ist beim Wollen geblieben. Wir redeten gerade über die Preise für Medikamente in Deutschland und Griechenland, als ein Kunde kam und ein Medikament XY anforderte, wie auch immer, es kam das Wort Deutschland ins Spiel und der Mann gab sich als Professor und Dozent der medizinischen Fakultät von Athen zu erkennen. Er ist sehr oft in Wien, da dort seine Kinder leben. Dann stellte es sich raus, dass Frau Katerinas Tochter und die Nichte vom Professor Palioudakis dieselbe Schule besucht hatten und dass der Nachbar von Frau Katerina vom Bruder des Professors, der in Chania Arzt ist, operiert wurde. Dann fragte er mich, ob ich den Chefarzt einer Klinik in Hannover und den einer in Potsdam kenne, ich verneinte es und er war sichtlich enttäuscht. Beide wären sehr gute Freunde und er hätte ihnen gerne über mich ein kleines Präsent zukommen lassen.

Zuhause angelangt, machten wir uns auf den Weg, eine Kleinigkeit zu essen und durch die Erfahrungen am Gründonnerstag und Karfreitag wollten wir etwas außerhalb der Stadt fahren, denn dort wo Touristen sind, da gibt es meistens auch Fleisch. Wir landeten in Karteros und in einer kleinen Taverne direkt am Meer. Es ist weniger interessant was wir gegessen haben, als die Prozedur, die eine Gesellschaft 4 junger griechischer

Paare mit insgesamt sieben Kindern dargeboten hat. Exakt vierzehn Minuten und 35 Sekunden dauerte es, bis alle Platz genommen hatten und dann weitere mit Sicherheit 15 Minuten, bis jeder bestellt hatte, wobei einer unbedingt FIX- Bier wollte. Der Kellner meinte, sie hätten fünf verschiedene Biersorten, aber leider kein FIX. Man entschied sich schließlich für Mythos- Bier, wobei eine der Frauen die ganze Zeit dazwischen schrie, dass sie keinen Fisch mag, den sie erst knochenfrei machen müsste. Ich habe das Wort bewusst gewählt, weil sie auch nur von „Xekokaliso" sprach. Als ich später Kosta darüber berichtete, meinte er, dass er seine Frau zum ersten Mal in einem Fahrstuhl getroffen hatte. Sie fragte ihn, wohin er wolle und er sagte: „Vierter Stock". Sie drückte daraufhin zwei Mal auf die Zwei. Da sagte er sich, dass genau diese Frau die richtige für ihn sei. So wäre auch die Frau, die Knochen im Fisch sucht, sagte er und fuhr fort: „Lieber Gott ich habe nur ein Leben, danke, dass ich es als Grieche leben darf."

Vom Altwerden und Arschloch-Söhnen

Unsere Nachbarin, eine alte Dame, ist tatsächlich noch älter als gedacht. Jetzt hat es sich rausgestellt, dass sie nicht 94 Jahre alt ist, sondern im Jahre 1921 geboren wurde. Somit ist sie stolze 98. Sie wohnt allein und da ihre karge Rente meistens durch scheinheilige Argumente von ihrem Arschlochsohn, der auch schon 67 ist, verscherbelt wird, ist sie auf die Menschlichkeit der Nachbarn angewiesen. In erster Linie ist es unsere Cousine Eleni, die für sie da ist. Eleni erzählte mir auch, dass die Wohnung der alten Frau inzwischen absolut verdreckt ist und überall herrscht Gestank vor. Vor kurzem kam sie und fand einen Joghurtbecher mit einer undefinierbaren Flüssigkeit vor. Diesen benutzte die alte Frau zum Urinieren, weil sie nachts nicht schnell genug die Toilette erreicht. Logisch wenn das meiste auf den Boden tropft .... Die Nachbarschaft versorgt sie mit dem bisschen, was sie noch essen kann. Meistens ist es ein Glas Milch, in das sie dann Zwieback eintunkt. Auf meine Frage, was man ihr Gutes tun könnte, kam die spontane Antwort: „Ja kein Geld, am besten einige Liter Milch oder aus dem Supermarkt eingepackte Hörnchen mit Schokoladenfüllung, ja das isst sie sehr gerne." Der schon erwähnte Arschlochsohn ist immer scharf darauf, die Rente der Frau zu stibitzen und hat die halsbrecherischsten Ausreden, um das ganze Geld einzustecken. Die neueste Erfindung war, dass er einen Jungen angefahren hätte und wenn er nicht sofort einen bestimmten Betrag der Familie gibt, diese ihn ins Gefängnis bringen wird. Das nächste Mal musste er angeblich eine Anzahlung für eine Augenoperation leisten, da er sonst in einem halben Jahr erblinden wird und das Kühnste war, dass er eine junge Ukrainerin geschwängert hätte und das Geld für die Abtreibung sofort bezahlt werden müsse. Die alte Frau, die streng die Gesetze der orthodoxen Kirche einhält, die Abtreibung strengstens verbietet, musste über ihren Schatten springen, machte drei Mal ihr Kreuz und somit waren diesen Monat nur noch 10 Euro für sie selbst übrig und es war erst der achte des Monats. Als wir an einem Nachmittag im Hof saßen, kam der Gedanke, die alte Frau durch irgendeinen Vorwand aus dem Haus zu locken, damit einige Frauen aus der Nachbarschaft einmal bei ihr klar Schiff machen könnten. Diese Idee wurde jedoch schnell verworfen, da Eleni das schon einmal in die Tat umgesetzt hatte und die Frau danach drei Wochen lang Angst hatte, allein zu bleiben, weil sie dachte, Einbrecher wären eingestiegen und hätten alles in Unordnung gebracht. Die Bilder ihres Gatten und ihres jüngeren bereits verstorbenen Sohnes fand sie jedoch unberührt und so war sie zufrieden. Seit einigen Wochen hat sie einen neuen Verehrer, es ist ein streunender Hund, der so hässlich ist, dass er auf seine Art fast wieder hübsch ist. Klar kommt niemand an unseren Urlaubshund Jenny ran, die einen anschaut, wie wenn sie sprechen könnte, aber dieser Hund, eine Mischung aus Terrier und Hirtenhund, ist fast täglich zur gleichen Zeit da. Er schlabbert an allem herum, was die alte Frau, die fast nichts hat, an Essbarem findet.

Wir waren gerade anwesend, als eines Nachts, es war kurz nach zwei Uhr, Schreie ertönten. Ich kam verschlafen in den Hof und hörte, wie Eleni die Frau beruhigte. „Was hast Du, was ist los?" Die alte Frau suchte aber nur ihr Gebiss, das Eleni schließlich unter der Kommode fand. Nachdem sie sich beruhigt hatte, meinte sie: „Ich dachte die Einbrecher sind wiedergekommen und haben meine Zähne geklaut."

Kostas, der inzwischen auch gekommen war, meinte: „Lieber Gott, wir haben doch nur ein Leben, danke dass ich es als Grieche leben darf."

Aristidis, unser Kellner an diesem Abend

Wir schlenderten durch die endlos vielen Gassen, die Heraklion hat, und landeten schließlich bei der Taverna Koukouvaya, einem Künstlerlokal, wie es sich auch selbst nennt, und wollten uns einige Leckereien gönnen.

Ich sage es vorweg, dass es absolut empfehlenswert ist und ich einem nur nahelegen kann, diese Taverne in der Nähe der Kirche des heiligen Titos zu besuchen. Der ca. dreißigjährige Mann, der uns bediente, hieß Aristidis und war, wie es sich später herausstellte, mit den drei jungen Männer vom Nebentisch befreundet. Immer wenn er etwas Luft hatte kam er zu seinen Freunden, und so habe ich Folgendes aufgeschnappt:

Aristidis ist 34 Jahre alt und ist nicht verheiratet, weil er, wie er sagte, es sich nicht leisten kann. Er wohnt in einer

1 ½ Zimmer Wohnung, die € 320.—Kaltmiete kostet und mit Nebenkosten ca. € 450.—. Er arbeitet in einer zehn-Stunden- Schicht, verdient € 35.— am Tag und ist überglücklich, dass sein Chef die Rentenpunkte einzahlt. Einer der drei Gäste meinte dann, dass diese € 35.— ein ungeschriebenes Gesetz in der Stadt wären. Alle Kellner würden das erhalten, und wenn einer nicht einverstanden wäre, würden fünf weitere vor der Tür stehen und den Job wollen. Sein engster Kumpel, die Griechen sagen „Kolitos", hat Jura studiert und ist Gott dankbar, seit jetzt einem halben Jahr bei der Müllabfuhr zu arbeiten. Aristidis fuhr fort, dass er nach seiner Schicht von 14:00 Uhr bis Mitternacht im Lokal eine kleine Mahlzeit zu sich nimmt, die ihn nichts kostet, nach Hause geht und erst gegen 4:00 Uhr morgens in den Schlaf findet. Einmal im Monat hat er zwei Tage frei und dann besucht er seine Eltern in einem kleinen Dorf ca. 30 Kilometer entfernt. Wenn er dorthin geht, kauft er zuvor großzügig ein und bringt es „seinen alten Leuten", wie er sagte (stous gerous mou). „Die haben uns drei Kinder großgezogen und uns so viel Liebe mit auf den Weg gegeben, sie hatten nicht viel, nur ihre Liebe, und jetzt ist es Zeit, einen kleinen Teil davon zurück zu geben." Ein anderer erzählte, dass sein Bruder vor der Krise als Kellner weit über hundert Euro täglich verdient hatte. Dann jedoch ging alles schlagartig den Bach runter. Der dritte in der Runde, der bisher still war, fragte, ob sie was von Victor gehört hätten, der früher auch in der Nähe gearbeitet hat. Aristidis meinte, dass der Besagte durch eigene Dummheit unter die Räder gekommen ist. Er hat Unterlagen fälschen lassen, die ihm bestimmte Lehrgänge und Kurse bei Kochseminaren bestätigt haben, außerdem noch Zeugnisse von Sterne-Lokalen in Athen. Als man dann erkannte, dass er vom Kochen so viel Ahnung hatte wie eine Kuh vom U-Boot fahren, warf man ihn kurzerhand raus. Daraufhin zeigte er seinen Chef bei der Polizei an und behauptete, dieser würde illegal

eine syrische Putzfrau beschäftigen. Wie es in der Welt jedoch manchmal so zugeht, war diese Putzfrau nicht aus Syrien, sondern aus Anogia und sie hieß nicht Salah, sondern Melpomene. Ihr Bruder besuchte Victor eines Tages und erteilte ihm einige schlagkräftige Argumente. Daraufhin zog er seine Anzeige zurück. Inzwischen hatten wir die Bäuche gefüllt. Meine Frau meinte, dass die Leber sich sogar mit den Kochkünsten von Thomas, unserem Stammgriechen zuhause in Deutschland messen könnte. Thomas in Gondelsheim ist unser Favorit, wenn es um griechisches Essen geht. Aristidis kam, räumte den Tisch ab und brachte uns den Nachtisch, Süßigkeiten und kretischen Raki. „Komm bring ein drittes Glas" sagte ich zu ihm, " lass uns auf einen schönen Sommer trinken." Er tat es und wir prosteten uns zu und wenn Kostas dabei gewesen wäre, hätte er gesagt: „Lieber Gott, wir haben doch nur ein Leben, danke dass ich es als Grieche leben darf."

Positiv- Komparativ- Superlativ

Modern, moderner, am modernsten.
Immer wieder steht man vor der Herausforderung, modern zu sein. Man möchte sich modern präsentieren und ich frage stets, was bedeutet eigentlich für den Einzelnen der Begriff „modern"?
Viele halten sich sicherlich mit etwas Farbe im Gesicht oder mit entsprechender Kleidung für modern. Andere benötigen das neueste Smartphone und wieder andere denken, sie sind „in", wenn sie von ihren Städtereisen berichten können. Wir haben im Bekanntenkreis Agapi. Dieser weibliche Vorname leitet sich ab von "agape" (=innige Liebe). Ein wunderschöner Name für eine sicherlich schöne junge Frau, wenn sie nicht durch zwei Kilo Farbe ihre Natürlichkeit verdecken würde. Agapi ist geschieden, hat eine zwölfjährige Tochter und arbeitet als

Rezeptionistin in einem kleinen Hotel. Durch die Tatsache, dass ihr „Ex" schwer reich ist und er seine Tochter abgöttisch liebt, hat Agapi ihre Liebe zum „Modernen" entdeckt, was gleichzeitig mit viel Geld in Verbindung gebracht wird. Kommt ein neuer 3D-Fernseher auf den Markt, lässt sie von ihrem Töchterchen Annoula deren Vater ausrichten, dass sie gerne so einen Fernseher haben wollte, und obwohl das griechische Fernsehen keine 3D- Kanäle hat, wird der Fernseher zwei Wochen später geliefert. Es versteht sich, dass Mutter und Tochter das neueste Samsung Handy schon lange vorbestellt haben und das Monatsabo im Fitnessclub beinhaltet auch Tennis und Tanzstunden. Im Fernsehen kam neulich eine Werbung von kussechtem Lippenstift und Annoula rief ihren Vater an, dass Mami diesen brauchen würde. Sicherlich dem „Modernen" ist es geschuldet, dass Agapi zwei „Lover" hat, getreu dem alten griechischen Lied: "Mia Gynaika, dyo antres…" Seit drei Wochen wird auch nur vegan gegessen, das heißt, in der Öffentlichkeit. Annoula hat ihrer Tante erzählt, dass Mama kürzlich aus dem Kühlschrank zwei gebratene Schweinekoteletts gegessen hat. Aber Agapi würde das niemals zugeben. An dem besagten Kühlschrank ist auch eine To-Do-Liste angebracht, die sich Agapi von ihren Freundinnen aufstellen ließ, um nicht nur „modern", sondern auch „cool" zu wirken. Da standen Punkte wie: Halbnackt ins Meer nahe dem Koules springen, den kürzesten Rock, den man hat, anziehen und durch die Marktgasse laufen, dreiunddreißig Kugeln Eis bestellen und nur eine essen, bei McDonalds, den es in Heraklion gibt, zwei Portionen Zatziki bestellen und reklamieren, wenn die keinen haben, um Mitternacht auf dem Balkon lauthals die Nationalhymne singen und sich dabei ausziehen, beim Löwenbrunnen einen Popen ansprechen und ihm einen Heiratsantrag machen. Ok, hier sollte ich vielleicht erwähnen, dass Agapis Freundinnen die Frage nach dem Wochentag erst beantworten können, wenn sie in ihrem Kalender nachschauen, eine sogar, sie heißt Popi, stellt sich jeden Tag selbst ihrem Spiegelbild vor.

Kostas, der Agapi kennt, meinte einmal, wenn das Essen von Regenwürmern modern wäre, würde sie diese am nächsten Tag im Restaurant bestellen. Als Annoula Ferien und Agapi noch frei hatte, stiftete Agapi ihr Töchterchen dazu an, den Vater zu bitten, eine Städtereise nach Barcelona zu buchen. Als Hotel schlug sie vor, das mit knapp 850. —pro Nacht teure Le Meridian Hotel in den Ramlas zu buchen und sie wünschte sich eine Privatführung in der „Sagrada Familia".

Papa Anastasios buchte dieses umgehend und grad an dem Tag, als wir im Hof saßen und uns fragten, wie dieser sich fühlt, als Zahl -Esel zu gelten, klingelte es und er kam mit einem Karton Süßigkeiten vorbei.

Er wollte im Haus gegenüber seine Ex und seine Tochter besuchen, als diese in einem BMW Cabrio vorfuhren. Am Steuer Agapi, auf dem Rücksitz Annoula und als Beifahrer der Zweit- Lover. Anastasios klingelte dann bei Kosta, da dieser ihm in seinem Haus in Gouves die Elektrik neu verlegt hatte und er Kosta seit der Zeit gut leiden konnte. Er blieb nicht lange, ließ jedoch die Süßigkeiten von Sawoidakis da, so dass wir uns diese schmecken ließen und den Kaffee auf sein Wohl tranken.

Durch die geöffnete Balkontür hörten wir Agapis laute Stimme, wie sie ihn anrief und bat, Annoula für zwei Tage zu nehmen, da sie einen Migräneanfall hätte. Anastasios kam wenige Minuten später, um die Tochter abzuholen.

Kurz danach war wieder Agapis Stimme zu hören, die ihren Zweit-Lover begrüßte und danach die Balkontür schloss.

Kostas meinte, modern sein sei doch schön und ergänzte: „Mein Gott, ich habe doch nur ein Leben, danke dass ich es als Grieche leben darf."

Kostas und die Plastikpuppen

Wir wissen inzwischen, dass Kostas' Söhne ein Alter erreicht haben, das sie dazu berechtigt, sich eine Frau oder Freundin anzulachen. In der Vergangenheit war es einige Male der Fall, aber eben niemals die Richtige. Die Thematik Lebenspartnerin war an diesem Nachmittag an der Tagesordnung und Christos, der älteste der Söhne, wusste folgendes zu berichten: Bedingt durch die Ein-Kind Regelung wurden und werden in China viele Mädchen abgetrieben. Entsetzlich, aber nicht zu leugnen. Das bewirkte jedoch, dass es unter den 30-Jährigen etwa 20 Millionen mehr Männer als Frauen gibt. Und da in China vieles anders ist als in Kreta müssen in ländlichen Gebieten Männer der Familie ihrer Angebeteten eine Art Mitgift von fast 20.000 Euro bezahlen. Für sehr viele eine Unmöglichkeit. Die Chinesen sind jedoch nicht dumm und man produziert seit 2013 eine Plastikadaption einer Frau. Diese lebensgroßen Puppen sind nicht nur in der Lage, die Bedürfnisse, auf die ich jetzt nicht näher eingehen möchte, zu erfüllen, sondern rollen mit den Augen und können sogar den Fernseher einschalten. Viele der inzwischen zwölf Modelle sind in der Lage zu kommunizieren. Mit Sicherheit können diese Puppen keine weltpolitische Debatte führen, aber in punkto Wetter und Abfahrt des nächsten Busses haben sie fast immer die richtige Antwort.
Coco Chanel sagte einmal: Schönheit beginnt in dem Moment, wenn Du beschließt, Du selbst zu sein, und niemand anderes als Franz Kafka sagte: Die Jugend ist glücklich, weil sie fähig ist, Schönheit zu erkennen. Jeder, der sich die Fähigkeit erhält, Schönes zu erkennen, wird nie alt werden.
Nun, die, die diese Puppen bestellen, denken sicherlich nicht an Coco Chanel oder Franz Kafka. Sie wollen ihre Traumfrau neben sich auf dem Sofa sitzen haben, und

nach Auswertung der Verkaufszahlen hat man festgestellt, dass die Traumfrau der Käufer eine vollbusige 1,45m große Puppe im bordeauxroten Kapuzenmantel ist. Inzwischen kann man Wunschfotos einsenden und man bekommt zu einem Schnäppchenpreis zwischen 500.—und 3000.- Euro die Dame des Herzens aus Silikon frei Haus. Diese Traumfrau rollt wie gesagt mit den Augen, lächelt, schaut links und rechts und besitzt die Fähigkeit und den Vorteil, niemals zu widersprechen.

„Ich sage es doch," sagte Kostas, „dass in zwanzig Jahren die Chinesen den ganzen Westen überrollt haben und wenn nicht im Realen, dann mit Silikonpuppen die Ai, Bao, Chan oder Fang heißen". Diese Namen bedeuten übrigens ‚Liebe', ‚Juwel', ‚anmutig' und ‚wohlriechend'. Kostas tippte auf seinem Handy herum und Tante Filareti fragte ihn, was er so hektisch eintippt. Er antwortete: „Ich habe eine Mathematik-Funktion und möchte errechnen, wie viele Puppen ein chinesischer Landjunge im Verhältnis zu der Mitgift, die er zahlen muss, bekommt." Er grinste in die Runde und fuhr fort: „Lieber Gott, wir haben doch nur ein Leben, danke dass ich es als Grieche leben darf."

Die Glucken-Eltern

Also ich finde es nicht unnormal, wenn Eltern auf einen vernünftigen Umgang mit den Kindern Acht geben, sofort rennen, wenn das Kind weint und unheimlich sensibel auf jede Reaktion achten, Kinder in die Arme nehmen, damit sie besser einschlafen, und wenn das Kind Zärtlichkeiten braucht oder spielen will, alles andere nebensächlich wird. Alle Psychologen sprechen dafür, die Beziehung zwischen Kindern und Eltern sehr innig zu gestalten. Liebevolle und vertrauensvolle Bindung ist sehr wichtig und es gibt auch Untersuchungen die zeigen, dass solche

"verwöhnten" Kinder später glücklicher, selbstbewusster und auch selbständiger sind, obwohl - oder gerade, weil - ihre Eltern sie anfangs so stark an sich gebunden haben. Bei Kosta und Eleni ist das auch der Fall, nur mit dem kleinen Unterschied, dass die Kinder inzwischen 38, 36 und 33 Jahre alt sind. Griechische Gluckeneltern sind vielleicht anders als die Anderen. Diese Tatsache ist ab und zu ein Gesprächsthema, wenn wir im Hof zusammensitzen. Natürlich versuche ich, diese Thematik sehr sensibel anzugehen. An einem Tag nun meldete sich Kostas und rief herunter, wir sollen ihm einen Schokotrunk zubereiten, er brauche jetzt etwas Starkes. Er erzählte von dem Bericht, den er zuvor bei Alpha TV gesehen hatte. Es wurde der Missbrauch von Kindern angesprochen und dass ein Ehepaar in Kalifornien ihre 13 Kinder über Jahre hinaus gequält hatte. Manche Kinder wurden ans Bett gekettet, einige hatten kaum etwas zu essen und zu trinken. Der 17-jährigen gelang die Flucht und die Polizei wurde gerufen. Die Kinder waren zwischen zwei und 29 Jahre alt. Sie waren so schlecht ernährt, dass man sie alle für minderjährig hielt.
Kostas berichtete weiter, dass die Reporter sagten, die Nachbarschaft in den USA hätte zwei Seiten, einerseits achtet man sehr aufeinander, ist hilfsbereit und hält zusammen. Auf der anderen Seite wird das „Private" sehr ernst genommen. Die Eltern des Vaters gaben an, sie seien schockiert und sehr überrascht und dass die Familie streng religiös sei.
Tante Filareti hatte hier nur ein Kopfschütteln übrig, und als sich die Sprachlosigkeit aller gelegt hatte, sagte Kostas, er hätte nach der Sendung seinen Freund Google bemüht und dieser hätte Dutzende ähnlicher Fälle ausgespuckt.
Ein Londoner hatte seine Tochter drei Jahrzehnte gefangen gehalten. Mit 30 konnte sie entkommen und drei Jahre später wurde der 75jährige Vater zu zwanzig Jahren Haft verurteilt.

In Neapel kam eine 47- jährige nach 18 Jahren Gefangenschaft frei. Sie wurde von ihrer Familie eingesperrt, als sie von ihrer Schwangerschaft erfahren hatten und den Namen des Vaters nicht nennen wollte. In Osaka wurde 2017 ein Paar festgenommen, das seine Tochter 15 Jahre gefangen gehalten hatte, bis sie im Alter von 33 erfror. Die Eltern gaben zu, sie in einem kleinen Raum eingesperrt zu haben. Die 33-jährige wog nur noch 19 Kilo.

Kostas hatte vor lauter Erzählen seinen Schokotrunk nicht getrunken und als sein Handy klingelte und sein mittlerer Sohn anrief, gab er das Gerät seiner Frau weiter, die kurz zuhörte, dann aufstand und sagte: „Vassilis ist heute Abend eingeladen, ich muss ihm sein neues Hemd schnell bügeln."

Kostas trank das kalt gewordene Getränk und meinte, wenn kalter Kaffee schön macht, was macht dann erst kalte Schokolade und fügte in einem Atemzug dazu: „Lieber Gott, wir haben doch nur ein Leben, danke dass ich es als Grieche leben darf."

Kostas und das veränderte Erbgut

Bei Kostas läuft der Fernseher länger als vierundzwanzig Stunden am Tag .... Vielleicht sollte ich an dieser Stelle doch berichten, dass Kostas neben dem „normalen" Fernseher, der schon über zwanzig Jahre alt ist und seine Sache noch sehr ordentlich macht, auch einen PC-Bildschirm hat, um parallel zwei Programme gleichzeitig anschauen zu können. Er verpasst keine Nachrichtensendung, und so kann er auch seine so geliebten Wissenschaftssendungen der BBC immer sehen. Kenner des griechischen Fernsehens wissen, dass diese Programme untertitelt sind. Somit ist Kostas mehr als nur Multitasking. Er schaut zwei Programme und liest gleichzeitig den Text. Dass er dabei eine Zigarette nach der anderen raucht, ist eine andere Geschichte.

An einem besagten Dienstag kam ein Bericht über den Versuch, in Großbritannien erstmals das menschliche Erbgut bei Embryonen zu verändern. Es versteht sich, dass die aktive Veränderung des Erbguts äußerst umstritten ist. In der Sendung wurde berichtet, dass in Schweden ähnliche Versuche gemacht werden. Die Embryonen werden sieben Tage entwickelt und dürfen keiner Frau eingesetzt werden.

Designerbabys sind also offiziell nicht erlaubt. In Griechenland wie in Deutschland ist das aktive Verändern der menschlichen DNA verboten.

Kostas ist jedoch der Meinung, dass durch die Tatsache, dass jetzt Großbritannien aus der EU austritt, alles möglich wäre und den Schweden sei alles zuzutrauen. Stille Wasser sind bekanntlich tief.

„Wer sagt uns, dass nicht absichtlich einige Jack- The-Rippers erzeugt werden?"

Aus den Büchern wissen wir, dass Jack the Ripper zwar nicht der erste Serienmörder war, jedoch der erste, um dessen Taten die Medien einen weltweiten Rummel entfachten.

Im Jahre 1855 ermöglichten Druckmaschinen preisgünstige Zeitungen in großen Auflagen. Beliebte Magazine wie die Polizeinachrichten bescherten dem Ripper einen bis dahin beispiellosen Bekanntheitsgrad. Auch international wurde ausführlich berichtet.

Aufgrund der Medien und der Tatsache, dass niemand jemals für die Morde angeklagt wurde, wurde eine legendäre Jagd nach dem Täter veranstaltet. Auch in späteren Zeiten wurden Serienmörder durch die weithin bekannten Legenden des Jack the Ripper beeinflusst.

Die Armen im East End von London waren lange Zeit von der wohlhabenden Gesellschaft ignoriert worden. Durch die Morde wurde jedoch die öffentliche Aufmerksamkeit auf die Lebensbedingungen der Opfer und der

Unterschicht im Allgemeinen gerichtet.

Und heute, ja heute ist Kostas felsenfest davon überzeugt, dass die Engländer mit diesen Genmanipulationsversuchen entweder eine neue Generation Jack The Rippers oder gar ein ganzes Regiment James Bonds auf die Menschheit loslassen wollen.

So tranken wir an dem Nachmittag unseren Kaffee und philosophierten über Klone. Tante Filareti meinte, dass es doch super wäre, wenn man Gregory Peck, Cary Grant oder Humphrey Bogart wieder zum Leben erwecken könnte, die Schauspieler der jetzigen Generation seien doch nichts. Hier sollte der Einwand erlaubt sein, dass Tante Filareti seit über dreißig Jahren nicht mehr im Kino war und im Fernsehen nur das lokale kretische Programm sieht, und die bringen außer Nachrichten und Werbesendungen nichts.

Kostas grinste in sich hinein, bis er mich von der Seite musterte und meinte: „Für Dich wäre es doch brutal, wenn man Schlagersänger klonen könnte. Stell Dir vor, im deutschen Radio würde von mehreren Blondinen eine x-fache Version von ‚Atemlos' laufen." Er spielte darauf an, dass ich nicht der größte Fan dieser Gattung bin. „Aber ich muss jetzt gehen," sagte er und schloss: „Lieber Gott, wir haben doch nur ein Leben, danke dass ich es als Grieche leben darf."

Nobelessen bei einem Kreter

Man gönnt sich ja sonst nichts, und so beschlossen wir, den letzten Tag des Jahres etwas feierlicher zu gestalten und nach Berlin zu reisen. Zunächst war ein Musical-Besuch angesagt, dann hatten wir bei einem Nobel-Kreter einen Tisch reserviert.

Die Fahrt zum Theater übernahm eine echte Berliner Marke. Die Fahrerin hustete sich was weg und berichtete uns, dass sie sich vorgenommen hätte, im neuen Jahr, das in wenigen Stunden beginnen würde, weniger zu rauchen. Aufzuhören würde sie in ihrer momentanen Verfassung nicht schaffen. Sichtlich enttäuscht, dass wir nicht nachgefragt hatten, welche Verfassung sie meine, fuhr sie fort, sie sei frisch geschieden, würde ihren Mann jedoch gerade an den Feiertagen sehr vermissen, trotz allem wären es schöne Jahre mit ihm gewesen, aber jetzt sei es aus und das Rauchen helfe ihr, den Kummer zu verdrängen.

Wir kamen zum Theater und wir hatten weder Alltagsklamotten noch eine Abendgarderobe besonderer Art an. Wir waren schlicht aber elegant gekleidet. Das Studium der anderen Gäste war bemerkenswert: Abendkleider, ausgeschnitten am Rücken bis zum Beginn des Hinterns, maßgeschneiderte Smokings, aber auch Norweger-Pullis und Billigjeans vom Wühltisch. Um Gottes Willen, niemand soll jetzt denken, dass ich Menschen nach ihrer Kleidung beurteile, gewöhnungsbedürftig war es zum Teil schon, weil der eine oder andere Pullover sicherlich nie die Innenwelt einer Waschmaschine gesehen hat. Aber was soll es, manche Menschen riecht man schon von weitem, bevor man sie sieht.

Das Stück war ok, nichts Besonderes und wir freuten uns dann auf den weiteren Abend. Positiv hatten wir uns erinnert, dass der Wirt dieses Lokals, das wir besuchen wollten, uns zuhause angerufen und gefragt hatte, wann wir ungefähr kommen würden, da das Buffet um 19:30 Uhr aufgetischt würde und um 23:00 Uhr ein Dessertbuffet herbeigezaubert werden würde.

Wir kamen gegen 22:00 Uhr an und freuten uns auf das folgende Versprechen:

-Exklusives mediterranes Buffet
-Großes Feuerwerk um 24:00 Uhr
-Ein Glas Prosecco um 24:00 Uhr
-Mitternachtspfannkuchen

-Mitternachtskäseplatte
-DJ Party mit internationaler und griechischer Musik
Das exklusive Buffet war nur was den Preis anbelangt
exklusiv. Das Essen wurde lediglich über Stunden
lauwarm gehalten, die Soßen waren runzelig und
verkrustet. Die Kritharaki im Juwetsi waren so verkocht,
dass Kostas, der keine Zähne im Mund hat, seine Freude
daran gehabt hätte. Das versprochene Feuerwerk war groß und ich belasse
es auch dabei. Das Glas Prosecco war tatsächlich da und
ich wusste schon vorher, dass Prosecco aus der
Rebsorte Glera hergestellt wird und ein sehr großes
Herkunftsgebiet von fast 18 000 ha hat. Dieses Glas, das
wir erhielten, perlte drei Minuten, was mir signalisierte,
dass der Preis der Flasche knapp 1,85 Euro betrug. Der
Gipfel waren die Mitternachtspfannkuchen, wir kennen
diese als Berliner. Also die waren so schmackhaft, ich
vermute, dass diese seinerzeit am Ersten Advent
sicherlich noch frisch waren. Die Krönung jedoch war die Musik, man bedenke, ein
kretisches Restaurant, und es wurde Discomusik der 80er
gespielt: Boney M, Depeche Mode, Culture Club,
Kajagoogoo, OMD, The Buggles, Eurythmics, Pet Shop
Boys, Camouflage und so weiter. Punkt Mitternacht, nach
dem besagten Prosecco, Stilbruch Teil 2. Udo Jürgens'
Stimme erklang mit „Ich war noch niemals in New York",
ok wir waren in Berlin, er besang jedoch die Orte, an
denen er noch nie war, und dann folgte „Griechischer
Wein". Wir dachten ok, jetzt könnten auch mediterrane
Klänge erklingen, aber Pustekuchen. Die CD, die dann
aufgelegt und wie ich vermute durchgespielt wurde, war
Helene Fischer. Da das wie alles eine Sache des
Geschmacks ist, kritisiere ich nicht weiter die
Musikauswahl, aber die Kombination, du gehst zu einem
Nobelgriechen, zahlst eine noble Rechnung, bekommst
fast nichts zu essen und wirst noch mit Disco- bzw.
Schlagermusik berieselt, ja das war nicht unbedingt die

Erfüllung der Vorfreude.
Aber eines kann uns trotz dieser Erfahrung nicht genommen werden: Die Freude, mit Menschen die man liebt, das neue Jahr zu beginnen und uns auf leckeres griechisches Essen in einer Woche in Stuttgart beim Retsinadiko zu freuen und auf Nikos Iakowidis, der live zu hören sein wird.
Wie sagt Kostas so schön…... „Lieber Gott, wir haben doch nur ein Leben, danke dass ich es als Grieche leben darf."

Kostas und die Philosophen

Als Aristoteles seinem Lehrer Platon philosophisch nur noch teilweise zustimmen konnte, bekannte er, zu Platon empfinde er Freundschaft, zur Wahrheit aber noch mehr als zu diesem. So und nicht anders muss man Kostas' Ideen verstehen – er ist ein Unruhepol, ständig auf der Suche. So auch an einem Tag, als er mir versuchte, Philosophie zu erklären.
Aristoteles, sein Favorit, sagte einmal: Das höchste Gut ist Glück. Voraussetzung, es zu erlangen, ist das Streben nach ethischer Vollkommenheit. Die nötigen Tugenden: tapfer, besonnen und gerecht zu sein. Während der alte Aristoteles davon ausgeht, dass die Menschen gut sind, erlebt der Italiener Machiavelli seine Mitmenschen anders. Er sagt: Der Mensch begehrt alles, bekommt es aber nicht, was ihn unzufrieden macht. Hat er Macht, will er noch mehr. „Weißt Du", sagte Kostas, „ich lerne von jedem Philosophen, so auch von Rousseau, der meinte, dass der Mensch sich immer mehr vom paradiesischen Naturzustand entfernt. Durch Wissenschaft, Kunst und Vernunft werden die Seelen verformt und man verbirgt seine scheinheilig höflichen Gefühle."

Immanuel Kant sagt, moralische Gesetze gelten für alle, und sie gelten immer. Moral fußt auf Vernunft und Logik, nicht auf Religion und Subjektivität. Albert Camus sagte dagegen: Der Mensch revoltiert gegen das absurde Schicksal, indem er sich gegen Unmenschlichkeit und Leid wendet. Camus setzte auf Solidarität. Der eher konservative Arnold Gehlen war der Meinung, dass der Mensch eine Mängelware sei und dass Kultur und linke Intellektuelle keinen moralischen Halt bieten. Der Philosoph Odo Marquard sagte: Der liebe Gott lässt mich schlafen. Ich schlafe gern und habe immer lang geschlafen. Aristoteles lebte über 300 Jahre vor Christi Geburt und Odo Marquard starb 2015. Also hatte Kostas versucht, mir 2500 Jahre mit wenigen Sätzen zu erklären. Und das während drei Glas Retsina und vier kretischen Raki, die Lammrippchen, die abgenagt auf den Tisch lagen, zähle ich nicht.

Kostas und der Liebeskummer

Kosta's jüngster Sohn hatte Probleme. Seine Freundin lebt im Osten Europas, sie haben sich mal kennen gelernt, als die Besagte mit ihrer Familie auf Kreta in Urlaub war. Kosta's Sohn arbeitete in jenem Sommer als Barkeeper in ihrem Hotel. Die Beziehung dauerte fast drei Jahre, bis... naja bis mal wieder Amor seine Pfeile nicht mehr schießen wollte. Der junge Mann war am Boden zerstört, wusste nicht mehr ein und aus und wenn er nicht so ein guter Schwimmer wäre, hätte er sich mit Sicherheit ins Meer gestürzt. Aber Amor hatte wider Erwarten ein Einsehen. Natascha war Vergangenheit, Ludmila jedoch anwesend. In diesen drei Tagen zwischen grausamer Welt und Himmelblau war Kostas derjenige, der mit Ratschlägen die trübe Welt etwas erhellte.

Also begann Kostas: „Du musst die seelische und physische Belastung ablegen, am besten durch Sport oder irgendeine Aktivität, die Spaß macht. Es ist wichtig, darüber zu sprechen und sich klar zu werden, was vorgefallen ist, ob Natascha wirklich die Richtige war oder nur ein Sommerflirt. Beginne ja nicht, drauf zu hoffen, denn Hoffnung heißt, die Realität leugnen. Nichts festhalten, was schon längst entrissen ist. Du musst reden mein Sohn, sprich alles aus, was Dich bewegt, rufe Deine Freunde an und denk an den Film, den wir neulich gesehen haben, sogar Woody Allen geht zu einem Psychiater. Versuche nicht, Deinen Schmerz zu leugnen oder Dir Vorwürfe zu machen, lass los…"
Als Kostas Luft holte, meinte sein Junior, dass er Natascha schon zehn Minuten später vergessen hätte und die Ratschläge würde er nicht brauchen. Sein Handy klingelte und er sprach leise auf Englisch:
„Hello my darling Ludmila, yes, I'll be right there with you."

Bus- und Taxifahren in Berlin

Lange Zeit wurde das Berlinerische als Verballhornung des Hochdeutschen betrachtet. Der Berliner arbeitet gern mit aufgeschnappten Begriffen, die er umformuliert.
Viele der typischen Berliner Ausdrücke lassen so den Rückschluss auf ihren Ursprung zu, z.B. „Det zieht wie Hechtsuppe", „Mir is janz blümerant" oder „Mach keene Fisimatenten".
Wir Süddeutschen wollten vier Tage lang Berlin erkunden, und wie geht es am besten? Klar, mit Bus und Taxi, und da erlebten wir so manches. Unser erster Reiseführer im Hop-on-Hop-off-Bus war ein ganz Lustiger, Typ Kumpel von nebenan. Er ging, nein er hüpfte immer, sprach alle Leute an, reichte dem, der es wollte eine Handcreme, zog sich zunächst eine Jacke, dann einen Pullover aus, bis ich fragte, ob es jetzt so weiter geht, und er antwortete

kess: „Ein Kleidungsstück pro Haltestelle". Klar, dass er, als wir ausstiegen, ein Trinkgeld erhielt. Der zweite Busfahrer war ein klein wenig anders. In diesem Bus war eine Fremdenführerin, Franziska. Also diese Franziska hatte eine recht grelle Stimme und jedes Mal, wenn eine Haltestelle angesagt wurde, wieherte sie wie ein Pferd: „Fahrer, halt!" Diesem Fahrer ging das, denke ich, auf die Nerven, weil er sie jedes Mal, wenn sie anfing zu wiehern, nachäffte und die Worte: „Halts Maul, du dumme Kuh" vor sich hin brummte.

Der dritte Busfahrer war eine Busfahrerin. Eine etwas ängstlich wirkende Asiatin fragte sie Irgendetwas auf Englisch und unsere Fahrerin, Elke hieß sie, schnauzte die kleine Koreanerin oder Japanerin an: „Ich fahre jetzt Bus, ich kann mich nicht unterhalten." Keine fünf Minuten später stieg eine Frau ein, die unsere Fahrerin wohl gut kannte. Von den Hackeschen Märkten über die Gedenkstätte der Berliner Mauer, den Kollwitz Platz, die Karl-Marx- Allee, weiter zum Friedrichshain, über Kreuzberg bis zum Alexanderplatz sprachen die beiden ununterbrochen. Da ich vieles davon zwar akustisch vernahm, aber nicht verstand, nur so viel begriff, dass sie sich über diverse Leute lustig machten, fragte ich im Hotel einen „Hiesigen" nach einigen typischen Ausdrücken. Ich erlaube mir, einige aufzuschreiben:

Arbeitadenkmal – fauler Arbeiter
Mir feift der Ast – Ich krieg keine Luft mehr
Ick könnt ma beöl'n! – Wie lustig!
Besuchsbesen – Blumenstrauß
Mensch! Brett ran! – Mach bitte die Tür zu
Steck ma deine Glotzkorkn wieda ein – Guck nicht so!
Graf Kacke – reicher Mann
Du hast ja 'n Ding an de Jondel! – Du spinnst

Der Taxifahrer, der uns zum Theater brachte, erzählte uns, dass seine Eltern nach 40 Jahren Berlin wieder zurück nach Teheran gegangen sind und er und seine

Frau, wenn die Wohnung abbezahlt ist, auch zurück nach Teheran gehen wollten. Er würde jetzt Rente bekommen, aber diese würde nicht ausreichen, die Schulden zu bezahlen, Wohnungen sind in Berlin so rar und so teuer. Nach der Veranstaltung erzählte uns ein anderer Taxifahrer, dass man in Berlin sehr günstig Wohnraum bekommen könnte, wenn man danach suchen würde. Er, der jetzt seit 25 Jahren Taxi fährt, braucht auch kein Navigationsgerät, da er die grobe Richtung im Kopf hätte und somit überall pünktlich ankommen würde. Zum Thema Wohnung, günstig oder teuer, erfuhren wir, dass am Ufer der Spree neulich ein Wohnkomplex fertig gestellt worden war. Hier würde der Quadratmeter auf 20.000 Euro kommen.

Als ich davon Kosta erzählte und über die Eigenschaft manch eines Berliners berichtete, meinte er nur lapidar: „Siehst Du, Hauptstädter sind doch wie alle Menschen. Lieber Gott, wir haben doch nur ein Leben, danke dass ich es als Grieche leben darf."

Vom indischen Schnellimbiss

Dass es auf Kreta lediglich 2 McDonalds- Filialen gibt, wovon eine nur 5 Monate im Jahr geöffnet hat, ist der Tatsache geschuldet, dass es sehr viele und sehr gute griechische Imbissbuden gibt. Zur Verwunderung vieler öffnete letztes Jahr ein indischer Schnellimbissstand in der Nähe von Chersonisos. Das wäre nicht einer Zeitungsnachricht würdig, jedoch die Tatsache, dass …. aber lasst mich die Sache von Anfang an erzählen: Mein Cousin Kostas, einer der letzten modernen Philosophen, Menschenkenner, Mahner und Erzähler fragte mich unlängst, ob es auch indische Schnellimbissbuden in Deutschland gäbe. Ich dachte kurz nach und sagte ja, ohne sicher zu sein, wie viele es wären. Ich fragte nach dem warum und das war sein Stichwort. Er erklärte mir, die Reihenfolge war mir jedoch nicht bewusst, dass es fünf Kastensysteme gäbe. Von oben nach unten: Priester und Gelehrte / Fürsten, Krieger, hohe Beamte / Bauern, Kaufleute / Knechte, Dienstleister und ganz unten die Unberührbaren. Von Geburt an gehört jeder Inder zu einer bestimmten sozialen Gruppe.

Die Einteilung der Menschen in Gruppen und eine strenge Rangordnung sind die Merkmale des indischen Kastensystems. Die Brahmanen als oberste Kaste sind besonders hoch angesehen und haben die Farbe Weiß. An unterster Stelle der Varnas Klassifizierungen steht die Farbe schwarz als Symbol, die Angehörigen dieser Kaste sind meist Diener, Knechte oder Tagelöhner. Außerhalb dieser Varnas stehen die "Unberührbaren", Man nennt sie "Dalits", sie sind Nachfahren der indischen Ureinwohner.

Nach hinduistischem Glauben werden Dalits als "unrein" angesehen. Als Unberührbare sind sie noch heute in vielen Bereichen vom gesellschaftlichen Leben ausgeschlossen.

Die Angehörigen der oberen Kaste gelten dagegen als "rein". Sie sind bestrebt, sich von den Unreinen fernzuhalten. So müssen die Dalits häufig in Siedlungen leben, die getrennt von den anderen Wohngebieten liegen.

In den Städten verliert das Kastenwesen an Bedeutung, obwohl das Denken in Kasten, zum Beispiel bei der Partnerwahl, auch in der Stadt noch sehr verbreitet ist.

Nun hat dieser indische Schnellimbissbesitzer einem Nachbarn von Kosta folgendes erzählt: In Neu-Delhi wären letzte Woche drei junge Dalits ermordet worden, weil sie Schnurrbärte mit gezwirbelten Enden trugen. Gemäß traditioneller Normen sind solche Schnurrbärte jedoch ein Privileg für Männer höherer Kasten, die damit ihre Überlegenheit über die niederen Kasten zum

Ausdruck bringen. Die rund 200 Millionen Dalits sind die Ärmsten der Armen in Indien. Das Kastensystem ist zwar längst abgeschafft, trotzdem werden die Dalits von den höheren Kasten verachtet, diskriminiert und ausgebeutet. Eleni, die seit über vierzig Jahren mit Kosta verheiratet ist und im Grunde genommen im Hause die Hosen anhat, hörte sich alles sehr aufmerksam und still an, bis sie vorsichtig in gespielter Angst aufstand und sagte: „Ich gehöre auch zur Kaste der Dalit und muss jetzt schnell das Abendessen für meinen Gemahl vorbereiten." Sehr über diesen Satz erfreut, versuchte Kostas, seinen imaginären Bart zu zwirbeln und meinte: „Lieber Gott, wir haben nur ein Leben, danke dass ich es als Grieche leben kann."

Kostas und Ken Follett

Die Kingsbridge-Romane von Ken Follett, die im Mittelalter angesiedelt sind, haben es Millionen von Lesern angetan. Kostas gehört zu dieser Gruppe, die von der altehrwürdigen Kathedrale von Kingsbridge und dem Streit zwischen Katholiken und Protestanten fasziniert sind. Freundschaft, Loyalität, Liebe ...nichts scheint mehr von Bedeutung zu sein. Der Kampf wird zwischen denen ausgefochten, die an Toleranz und Verständigung glauben, und den Tyrannen, die ihre Ideen den anderen aufzwingen wollen – koste es, was es wolle.
Nicht nur das geschriebene Wort ist das, was Kosta seit vielen Jahren beschäftigt, sondern auch notgedrungen, da die medizinische Versorgung in den letzten Jahren in Kreta fast nicht finanzierbar ist, die Lehre von den Kräutern, die schon im Mittelalter wundersame Heilungen herbeigeführt hatten. Mit Ausnahme von Aspirin sind für Leute mit einem sehr klammen Geldbeutel die Medikamente ein Luxus. Hier helfen soziale Arztpraxen,

aber auch hier ist nicht alles vorrätig, was man unter Umständen sofort braucht. So ist Kostas seit fast zwanzig Jahren ein Befürworter der Kunst von Frau Magdalini, die drei Häuser weiter ebenfalls in der Altstadt von Heraklion wohnt.

Bei einer unserer fast alltäglichen Zusammenkünfte im Hof kam auch Frau Magdalini vorbei. Eigentlich wollten wir längst zu einem Spaziergang aufgebrochen sein, doch das, was uns diese Quacksalberin (ich gebe es zu, dass ich sie nur solange so nannte, bis ich sie kennengelernt hatte) berichtete, war nicht nur sehr interessant, sondern auch zur Nachahmung geeignet.

Im Mittelalter, sagte Frau Magdalini, waren die Mediziner scharfsinnige Beobachter. Die Rezepte beruhten auf empirischen Versuchen, was wirkt und was wirkt nicht. Da die Pharmaindustrie heute naturgemäß wenig Interesse daran hat, Konkurrenz aus längst vergangenen Zeiten anzuerkennen, gibt es nur verhältnismäßig wenige, die sich heute noch dafür stark machen. Frau Magdalini sprach von den Pergamentrollen der Benediktiner um das Jahr 800. Aderlass war gang und gäbe und heute weiß man auch, dass sich Bakterien umso schlechter vermehren, je weniger Bluteisen sie vorfinden. In einer Schrift wird darüber gesprochen, dass Johanniskraut bei geistiger Verwirrung wirkt. Auch jetzt noch wird das rote Öl der Pflanze bei Angststörungen und Depressionen angewandt. Frau Magdalini fragte uns, ob wir schon einmal von Hildegard von Bingen gehört hätten. Wir nickten. Sie meinte, dass die Leistung Hildegards unter anderem darin beruhte, dass sie das damalige Wissen über Krankheiten und Pflanzen aus der griechisch-lateinischen Tradition mit dem der Volksmedizin Mitteleuropas zusammenbrachte.

Frau Magdalini riet uns, auf Thymian bei Magenschmerzen zurück zu greifen, da es antibakteriell und antibiotisch wirkt. Süßholz sei bei Bronchitis optimal und hilft bei Entzündungen im Hals und an der

Magenschleimhaut.
Wilder Oregano hilft gegen Heiserkeit. Wilder Lavendel wurde früher zur Behandlung von Altersbeschwerden angewendet. Heute weiß man, dass es Ängste und Aggressionen lindert. Mit einem verschmitzten Lächeln meinte Frau Magdalini, dass sich bei einer Sache Hildegard von Bingen geirrt hatte. Sie meinte, dass Ingwer das Triebhafte im Menschen stärken würde, heute jedoch weiß man, dass diese Gewürzwurzel als Mittel gegen Reiseübelkeit und Arthritis angewendet wird. Just in diesem Moment sagte Kostas: „Jetzt brauche ich einen Tsikoudia, der hilft gegen alles." Bingen im Jahre des Herrn 1147, England im Jahre 1558 und Kreta im Jahre 2018, was für ein Bogen in einer knappen halben Stunde in unserem Hof in Heraklion. Frau Magdalini ging, Kostas ging auch, um bei Ken Follett weiter zu lesen, meine Frau und ich gingen Richtung Hafen, um noch etwas die Meeresluft auf uns wirken zu lassen. Wie sagt doch Kostas so schön: „Lieber Gott wir haben nur ein Leben, danke dass ich es als Grieche leben kann."

Mein Namensvetter

„Ungeduld des Herzens" ist der einzige beendete Roman von Stefan Zweig.
In der Nacht vom 22. zum 23. Februar 1942 nahm sich Stefan Zweig mit Gift das Leben. Depressive Zustände begleiteten ihn seit Jahren. Seine Frau Lotte folgte ihm in den Tod. Hausangestellte fanden beide in ihrem Bett: ihn auf dem Rücken liegend mit gefalteten Händen, sie seitlich an ihn geschmiegt. In seinem Roman ist folgendes zu lesen:
Es gibt eben zweierlei Mitleid. Das eine, das schwachmütige und sentimentale, das eigentlich nur Ungeduld des Herzens ist, sich möglichst schnell

freizumachen von der peinlichen Ergriffenheit vor einem fremden Unglück, jenes Mitleid, das gar nicht Mit-leiden ist, sondern nur instinktive Abwehr des fremden Leidens von der eigenen Seele. Und das andere, das einzig zählt - das unsentimentale, aber schöpferische Mitleid, das weiß, was es will und entschlossen ist, geduldig und mitduldend alles durchzustehen bis zum Letzten seiner Kraft und noch über dies Letzte hinaus."

Jetzt erlauben Sie mir einen harten Cut, um auf Niko zu kommen. Nikos stammt vom griechischen Festland und ist vor über zwanzig Jahren nach Kreta gekommen. Er ist gelernter Maurer, war jedoch die letzten neun Jahre arbeitslos. Er hatte mehrere Anläufe gemacht, doch die Krise hat ihn voll getroffen, bis zum Heiligabend letzten Jahres. Da erhielt er einen Anruf, dass er einen unbefristeten 6- Stunden-pro-Tag-Job bei der Gemeinde Heraklion bekommt. Dieses Weihnachten wurde zum schönsten der letzten Jahre. Seine Frau bekam einen neuen Topf und eine Bratpfanne und die Kinder Malstifte und Blöcke, einen Luxus, den sie sich bislang nicht leisten konnten. Nikos stolzierte nur so durch die Wohnsiedlung. Seine Aufgabe ab dem 01. Januar würde es sein, mit einem Müllkarren und diversen Hilfsmitteln die Straßen und Plätze sauber zu halten.

Die Müllkrise im letzten Sommer bewirkte nach dem elftägigen Streik, dass wieder Bedienstete für die Müllabfuhr eingestellt werden konnten. Der Staat musste seinerzeit fast 60 Prozent derer, die einen befristeten Arbeitsvertrag von 4 bzw. 8 Monate hatten, kündigen. Das Diktat der Geldgeber ist drastisch! Langsam normalisierte sich die Situation und mein Namensvetter war stolz darauf, daran beteiligt zu sein, das Bild der Stadt gegenüber den Gästen und der eigenen Bevölkerung zu verschönern. Einmal rief er mich an und meinte, dass die Gemeinde dieses Jahr sogar einen € 15. — Bonus pro Mitarbeiter zahlen würde, weil die Reklamationsrate der Hotelbetreiber bzw. Restaurantbesitzer massiv zurückgegangen ist, weil die Stadt dafür sorgt, dass die Müllcontainer täglich gesäubert werden. Vor nicht einmal sechs Monaten hatten sich Müllberge von über 1000 Tonnen angesammelt, das alles bedingt durch den Streik, da für fast 10.000 Mitarbeiter in ganz Griechenland die Arbeitsverträge nicht verlängert wurden. Die Griechen hatten einige dieser Streiks zu ertragen: Bauern, Busfahrer, Ärzte, Fährkapitäne bis hin zu den Notaren. Streiks gehören zur großen Wirtschafts- und Finanzkrise in Griechenland wie der Löwenbrunnen zu Heraklion.

An einem Spätsommerabend ging ich mit meiner Frau von eben diesem Brunnen aus Richtung venezianische Festung, als ich sie plötzlich etwas forscher voran schob und eine schnellere Gangart einlegte. Sie schaute mich fragend an und nach einigen Metern, inzwischen gingen wir wieder normaler, bat ich sie, einen Blick nach hinten zu werfen. „Siehst Du den Niko?" fragte ich und zeigte auf einen groß gewachsenen Mann Mitte fünfzig mit einer Müllmann-Uniform und einem Karren mit einem großen Strohbesen. Ein ankommender Anruf unterbrach das Gespräch. Inzwischen waren wir fast beim Koules angekommen, als ich meine Frau wieder ansprach: „Stell Dir mal vor, da war Nikos und ich habe ihn nicht angesprochen in der Annahme, dass er sich schämen würde, dass wir ihn in der Müllmannuniform sehen." Ich schämte mich jetzt, dass ich ihn nicht angesprochen habe. Davon sprach Zweig, ein schwach mutiges, falsches Mitleid. Wieso auch, er ist stolz darauf, diesen wichtigen Job zu verrichten, und ist ein Müllmann weniger wert als ein Kioskbetreiber oder ein Bankangestellter? Mir wurde erst später bewusst, wie stolz auch ich sein kann, einen Menschen wie Niko meinen Freund nennen zu dürfen. Lieber Gott, wir haben nur ein Leben, danke dass ich es als Grieche leben kann.

Kosta's Geheimnis für die Liebe

Es gibt einen Tag im Februar, da schenkt man sich Blumen oder Schokolade. Manche, die es im Portemonnaie etwas dicker haben, schenken vielleicht ein Schmuckstück, andere gehen wenigstens mit ihrem Partner spazieren. In Mitteleuropa geht fast jede dritte Ehe in die Brüche, Kostas jedoch kennt das Geheimnis einer guten Partnerschaft. An einem Abend, wir hatten sicherlich jeder einige kretische Raki in uns, begann Kostas, uns einen Ratschlag zu erteilen. Mit uns meine ich noch meinen Cousin dritten Grades Georgios, der über zwanzig Jahre mit seiner Frau zusammen war, als diese ihn von heute auf morgen rausgeschmissen hatte. Nach drei Jahren durfte er wieder zurück und es war so, wie wenn nichts Besonderes passiert wäre. Georgios erklärte mir vor einiger Zeit, dass er der Meinung ist, dass Frauen immer wieder Schübe haben, die sie unberechenbar machen und da soll man ihnen doch die Zeit lassen. „Frauen kommen immer wieder zu einem zurück wie ein gut erzogener Hund", sagte er immer, und als ihn Kostas darauf aufmerksam machte, dass er doch in diesem Fall der Hund sei, goss er unsere Glaser wieder voll, prostete uns zu und erwartete von Kosta, dass er uns seine Geheimnisse offenbart. Kostas begann mit dem Alltagsspruch, dass die Liebe eine zarte Pflanze sei und dass man sich Blumen nicht nur am Valentinstag schenken soll. Viele, die sich trennen, meinte Kostas, tun es, weil sie glauben, sich nicht mehr zu lieben. Man soll es sich immer bewusst machen, dass der Alltag einen auffrisst. Sei es, wenn der Mann dauern den Fußballkanal anschaut und sie im Schlafzimmer Kochsendungen. Die Verliebtheitsphase ist irgendwann zu Ende und es bedarf Anstrengungen von beiden, sich nicht psychisch verletzen zu wollen. Kostas meinte dann, dass er in einer BBC-

Dokumentation gehört hat, dass man sich auch nach vielen gemeinsamen Jahren Zeit für Sexualität nehmen soll. Die Flasche Raki war nur noch halb voll als Georg meinte: „Die Bereitschaft, auf Kompromisse einzugehen und großzügig über kleinere Macken des Anderen hinwegzusehen, ist auch sehr wichtig." Da wurde Kostas wieder zu Kostas als er meinte: „Ich kann mit tausend Schlangen kämpfen, aber nicht mit Eleni, die schafft mich immer". Jeder weiß jedoch, wie die zwei sich seit über 47 Jahren ergänzen.

Just in diesem Moment erschien sie am Fenster und meinte, sie hätte einige Keftedakia fertig, ob in unseren Bäuchen neben dem Raki noch etwas Platz wäre. Aus unserer Küchentür kam auch meine Frau mit einer Platte Revani, dem traditionellen griechischen Kuchen, der nach dem Backen mit Sirup getränkt wird. Da wir beide nicht beleidigen wollten, aßen wir den Kuchen gemeinsam mit den Hackfleischbällchen, um am nächsten Morgen zu behaupten, dass wir nur dank Raki diese Mischung vertragen konnten.

Kostas meinte, so schön kann Liebe sein, die geht doch tatsächlich durch den Magen und ergänzte: „Mein Gott, ich habe doch nur ein Leben, danke dass ich es als Grieche leben darf."

Bilder auf den Seiten 54-58 mit freundlicher Erlaubnis von Michalis Neletakis.

Als Kostas noch ein kleiner Junge war
- **Impressionen von Heraklion**

Gerichtsgebäude

Hafenviertel

Löwenbrunnen

Meitani

Marktgasse

ΗΡΑΚΛΕΙΟΝ 1960

ΜΙΧ.ΝΑΛΕΤΑΚΗΣ
G.MacPHERSON

Hafen

ΛΙΜΑΝΙ 1967

ΜΙΧ.ΝΑΛΕΤΑΚΗΣ
A.GILSTRAP

Meintani

Strasse Idis

Kapitel 2

Die Corona- Telefonate

Weltweit ist der SARS-COV-2 Virus zum Alltag geworden. Wenn man lediglich an Husten, Halskratzen, Fieber oder Durchfall erkrankt ist, ist die Sache noch einigermaßen glimpflich verlaufen, aber viele werden ein Leben lang leiden müssen, und diese schrecklichen Szenarien sind weltweit zu spüren. Da Kostas wie auch ich zur sogenannten Risikogruppe gehören, waren unsere Kontakte in den letzten Wochen und Monaten lediglich telefonisch und einige dieser Gespräche möchte ich in diesem „Corona- Tagebuch" wiedergeben. Die Thematik Krankheit lassen wir bewusst außen vor.

Phänomen Toilettenpapier

Als im Frühjahr die Thematik COVID 19 aufkam und wir bei einem Telefonat mit Kosta feststellten, dass es auf Kreta wie in Deutschland einen „Run" auf Toilettenpapier gab, wunderten wir uns zunächst sehr. Ich wusste zu erzählen, dass der Konsum an Toilettenpapier von einem Monat auf den nächsten um über 700 Prozent gestiegen ist. Kostas kannte die Zahlen von Kreta nicht, meinte jedoch, dass Eleni in drei Supermärkten versucht hatte, noch einige Rollen zu ergattern, alle Regale wären jedoch leer. Ein Glück, dass Tante Filareti noch einiges auf Reserve gehortet hatte. Wenn auf Toilettenpapier ein Verfallsdatum stehen würde, wären diese sicherlich in den Achtziger Jahre verfallen gewesen.
So ergab es sich, dass wir tatsächlich eine rege Diskussion über Toilettenpapier hatten. Die Geschichte mit dem großen Geschäft ist so uralt wie die Menschheitsgeschichte. Früher war das offene Feld dazu da. Als Abhilfe half auch mal ein Blatt der Pflanze

„Pestwurz", in einigen Gebieten in Süddeutschland sagt man immer noch „Arschwurzen" dazu. Später im Verlauf der Jahrhunderte wurden Gruben ausgegraben. Im alten Rom hatten die Mächtigen eine Sitzauflage aus Stein, und diese Latrinenanstalten wurden von Pächtern betrieben. Wieder Jahrhunderte danach, als der Buchdruck erfunden wurde, diente manch eine Zeitung nicht nur als Leselektüre. Der Patensohn von Königin Elisabeth I, John Harrington, hatte eine praktische Idee und seine Patentante gab ihm den Auftrag für das erste Klosett mit Spülung. Den Durchbruch jedoch erreichte dieses erst im 19. Jahrhundert, als sich die große Choleraepidemie in London verbreitete und man herausfand, dass verdrecktes Trinkwasser die Ursache allen Übels war. Erst Ende des 19. und Anfang des 20. Jahrhunderts wanderte die Toilette vom Hof, wo sie gemeinschaftlich benutzt wurde, in die Wohngebäude und später in die Wohnung. Über diese Thematik sind sehr viele Bücher geschrieben worden und Kostas meinte, ich könnte doch dieses Gespräch für die Nachwelt aufschreiben. In diesem Moment hörte ich einen Aufschrei. Erschrocken fragte ich, was los sei und Kostas meinte, dass sein jüngster Sohn gerade dem Nachbarn eine Rolle Toilettenpapier im Tausch gegen eine Packung Zigaretten abgegeben hat. Ich verabschiedete mich und als ich auflegte rechnete ich nach, wie reich wir geworden wären, wenn wir diesen Run auf Klopapier hätten vorhersehen können.

Kostas und die Luxustaschen

Dass Kostas ein in der Verwandtschaft anerkannter Modekenner ist, behaupten mit Sicherheit die allerwenigsten. Einmal hat er seine Frau gefragt, als diese in einem Laden in der Nähe des Löwenbrunnens in Heraklion eine Tasche gekauft hatte, was diese gekostet

hätte. Als sie daraufhin 12,95 € sagte, meinte er, dass dies ja drei Schachteln Zigaretten wären und ob sie keine günstigere gefunden hätte. Da ich ja auch nicht unbedingt ein Markenkenner bin, machte ich mich im Internet schlau und wusste zu berichten, dass allein Louis Vuitton im Jahre 2019 einen Umsatz von 9,3 Milliarden Euro hatte. Kenner der Branche wissen, dass Gucci diese Zahl übertreffen möchte. Francois-Henri Pinault muss man nicht kennen, ich kenne lediglich Salma Hayek, seine Ehefrau. Bei der Erwähnung dieses Namens war Kostas sofort von der Marke „Pinault" angetan, er ist ein Salma Hayek Fan und kann sich nicht vorstellen, dass diese schöne Frau sich vom Reichtum des Sohnes des zweitreichsten Mannes Frankreichs beirren ließ, nein Liebe kann es nicht gewesen sein, war er sich sicher. Das Gespräch verlief dann so, dass wir alle namhaften Handtaschenhersteller aufzählen wollten, aber außer „Chanel" und „Armani" keinen weiteren fanden. Kostas der alte Schwerenöter erzählte mir, dass er mal gehört hätte, dass Marylin Monroe lediglich das Parfum No. 5 von Chanel trug, wenn sie ins Bett ging.
Ok, ich begriff, dass die gehobenen Eitelkeiten der Milliardäre, die Tatsache, dass Elenis Tasche lediglich € 12,95 gekostet hat und unser Gespräch keinen gemeinsamen Nenner hatten.
Als ich dann hörte, dass Kostas vor lauter Salma oder Marylin jetzt zu seinem Inhalationsgerät musste, war ich schon etwas froh, dass dieses Gespräch geendet hatte.

Kostas und der Freiflug

Kostas war in seinem Leben einmal auf Samos und drei oder vier Mal in Athen. So habe ich ihm versprochen, ihm ein Flugticket nach Deutschland zu schenken, wenn diese

Quarantänezeit vorbei sei. Das würde er als Geschenk zu seinem 70sten Geburtstag bekommen.

Einerseits war er sehr begeistert, andererseits erzählte er mir die Geschichte von einem Fluggast, der sich mit dem Schleudersitz aus einem Militärflugzeug in Südfrankreich herausgeschossen hatte.

Die französische Untersuchungsbehörde stellte fest, dass der Passagier dies versehentlich getan hatte, weil ihn die Situation komplett überforderte.

Er hatte vorher noch nie ein Flugzeug von innen gesehen. Das besagte Opfer feierte seinen wohlverdienten Einstieg ins Rentenalter. Seine Kollegen hatten sich hierfür etwas Besonderes ausgedacht, nämlich einen Flug mit einer Militärmaschine. Sie fuhren mit ihm in die Nähe des Flugplatzes zu einem Luxushotel. Unser Freund hatte keine Ahnung, was ihn da erwartete. Er wurde vor vollendete Tatsachen gestellt. Er ließ sich seine Angst nicht anmerken und der am Vorabend genossene Rotwein hatte eine minimale Teilschuld.

Als das Flugzeug schließlich startete, war unser Freund von den Fliehkräften und der Wirkung der Beschleunigung völlig überfordert und so kam es dazu, dass er den Schleudersitz betätigte.

Wie durch ein Wunder wurde er nur leicht verletzt. Die Maschine konnte ebenfalls sicher landen.

Kostas meinte, er würde sich zum Geburtstag doch lieber eine Stange Zigaretten wünschen.

Kostas und das Duschen

Das Happy- Birthday- Lied ist ja weltweit bekannt, Marylin sang es damals beim Geburtstag von Präsident Kennedy und Kostas singt es, während er mehrmals täglich seine Hände wäscht, wie es die Corona- Hygienevorschriften einem anraten. Bekanntlich ist es so, dass auch in Heraklion Stadt die Wasserzufuhr um die Mittagszeit gedrosselt wird. Alle Häuser haben dafür auf dem Dach oder der Terrasse große Wasserbehälter, die den Menschen tagsüber nützlich sind, vorausgesetzt die Motoren, die das Wasser in die Wasserbehälter pumpen, sind in Ordnung. Wenn das der Fall ist, merkt man nicht, dass das Wasser nicht direkt aus der Leitung sprudelt, sondern vom Kanister kommt.

In den letzten Tagen jedoch hat sich der Wasserverbrauch trotz der Ausgangssperre und dem absoluten Stillstand des öffentlichen Lebens verringert. Die Wasserwerke in Heraklion stellten einen deutlichen Rückgang des Verbrauchs fest.

Wenn man den derzeitigen Wasserverbrauch mit den Statistiken aus den vergangenen Jahren vergleicht, kann man einige Unterschiede erkennen. Takis Anastakakis, ein Sprecher des Wasseramtes, bemerkte auch, dass Wochentage und Wochenende nicht mehr zu unterscheiden sind.

Er vermutet, dass der gesunkene Wasserverbrauch auf die geringere Zahl von Berufstätigen und Schülern, die nicht mehr aus dem Haus gehen können, zurückzuführen ist.

Auffälliges Verhalten ist auch am Tagesablauf zu bemerken. Die Kreter scheinen den Tag später zu beginnen. Aber es gibt hier auch eine Enklave und das ist die Wohnung von Tante Filareti von gegenüber, da sie pünktlich um 6:15 Uhr das Radio einschaltet und, geschuldet dem Umstand, dass sie schwerhörig ist, die höchste Lautstärke einstellt.

Kostas Einschlaftipps

Kostas hat, so gut kennen wir ihn inzwischen, Rituale, die man nicht unbedingt teilen muss, die man jedoch mit einer gesunden Portion Menschenverstand positiv betrachten sollte.

Er geht niemals vor Mitternacht ins Bett, steht drei Mal nachts zum „Pinkeln" auf und ist um 6:45 Uhr morgens dabei, sich den ersten Frappé des Tages zu machen. Gegen 13:00 Uhr legt er sich wieder hin, um dann kurz nach 17:30 Uhr aufzuwachen. Als ich ihn mal fragte, wie er das bewältigt, hatte er folgende Ratschläge: Mit vollem Bauch niemals ins Bett gehen. Am besten abends in Maßen essen. Oft hilft dabei eine besondere Kost wie dunkle Schokolade, Nüsse oder Milch. Das dumme dabei ist, dass sich Kostas im wahrsten Sinne des Wortes vollfrisst und sich dann hinlegt. Ein anderer Tipp lautet, gelassen zu bleiben, wenn es mit dem Einschlafen nicht klappen sollte, einfach entspannen, der Körper wird von alleine müde. Dumm dabei, dass Kostas, wenn er nicht schlafen kann, sofort aufsteht, um unter der Klimaanlage eine Zigarette zu rauchen. Ein weiterer Tipp ist, keinen Wecker zu stellen, wer nicht einschlafen kann und ständig auf die Uhr schaut, wird nervös. Hier muss ich entgegnen, dass Kostas im Schlafzimmer mindestens drei blinkende Uhren hat, eine grässlicher als die andere. Kostas gab mir einen weiteren Tipp: Sehr wenig Alkohol am Abend, ein Gläschen Wein wäre ok, aber Alkohol beeinträchtigt die Schlafqualität beträchtlich. Was soll ich dazu sagen, beim Abendessen, meist weit nach 22:00 Uhr, sind bei Kosta mindestens drei oder vier Gläser Wein die Regel. Der zweitletzte Tipp war, nicht nachts im Bett wach herumliegen. Wenn man länger nicht einschlafen kann und unruhig ist, dann hilft eine ruhige Tätigkeit wie Bügeln oder Musik hören. Hier habe ich was Kosta anbelangt auch meine Zweifel, da er, wenn er einmal doch nicht sofort einschlafen kann, einen Krimi oder Western anschaut, was einen sicherlich nicht in ein ruhiges Fahrwasser bringt.
Der letzte Tipp von ihm war, dass man regelmäßig Sport treiben sollte und sich tagsüber in der frischen Luft aufhalten soll. Ok, in Heraklion gibts schon frische Luft, aber Kostas mit seinen fast fünfzig Zigaretten am Tag

verpestet diese massiv und Sport ist das, was im Fernseher läuft. Er geht höchstens zum Zigaretten holen außer Haus und muss die siebzehn Stufen zu seinem Wohnzimmer im ersten Stock wieder hinauf gehen. Da kann ich mir vorstellen, dass ein Faultier in den tropischen Regenwäldern in Süd- und Mittelamerika sportlicher ist.

Kostas und die Schulküchen

An einem Samstagnachmittag hatte ich per Skype Kosta angerufen. Zu Besuch war Kiki, eine Gymnasiallehrerin. Kiki weiß immer alles besser und notgedrungen musste ich, höflich wie ich nun mal bin, einige Worte mit ihr tauschen. Ich fragte sie, wie es so wäre mit dem Unterricht, wenn jetzt die Schulen geschlossen sind. Kostas warf ein, dass jetzt wenigstens die Schulhöfe nicht voller Zigarettenkippen wären, da die Kids heutzutage kein Marmeladenbrot wie er früher in den Pausen zu sich nehmen. Das war das Stichwort für Kiki, die dann einen Monolog begann, weil sie vor drei Jahren zu einem internationalen Kongress zur Schulernährung eingeladen war.

In den USA wird den Kindern meistens gebackene Bohnen, Brokkoli, Karotten und Dosenpfirsiche, sowie ein Schoko-Bananengetränk serviert.

In Spanien besteht die Schulspeisung aus Gemüsesuppe, Hühnerfleisch mit Salat und Weißbrot, in Großbritannien gibt es Nudeln, Brokkoli, Bohnen in Tomatensoße, Chilireis und Obst, in Frankreich Fisch, Ratatouille, grünen Salat, Karotten, Sellerie, Paprika und Weißbrot, in Kuba Reis, Hühnchen-Kroketten, Gelbe Bohnen-Suppe gebackene Gemüsebananen sowie Orangensaft. Auf den Teller eines argentinischen Schülers kommen Kartoffel, gefüllte Teigtaschen und ein Schnitzel.

In Palästina bringen die Kinder Pita-Brote von zuhause mit, bestrichen mit einer Mischung aus Kräutern,

Gewürzen, Salz, Sesam und Öl. Kiki berichtete, dass es in China 23 Provinzen gäbe, die ihre regionalen Kochtraditionen haben. Sie reichen von der würzigen Chuan-Küche über eine scharfe Xiang-Küche. In der Zwischenzeit, ich hatte ständig Kiki auf dem Bildschirm, hatte sich Kostas ein leckeres Gyros von der Platia Elefteria besorgt und biss herzhaft hinein. Bevor ich mich verabschiedete hörte ich ihn noch sagen: „Nichts geht über ein Pitabrot bestrichen mit Jogurt und saftigem Schweinefleisch."

Kostas und die Sommerkrankheiten
Nachdem ich mit der Fluggesellschaft gesprochen hatte und diese uns grünes Licht für die geplante Reise im Juli gab, war es meine erste Tat, Kosta zu informieren, der sich sehr erfreut zeigte, unsere Gespräche wieder von Angesicht zu Angesicht zu führen. Als er hörte, dass unsere Kinder auch vorhaben, bald nach Kreta zu kommen, bat er mich, seine jährlichen Ratschläge über die Sommerkrankheiten noch einmal aufzugreifen.

Sonnenstich
Aufgrund eines Hitzschlags oder eines Sonnenstichs werden auf Kreta jährlich bis zu 2000 Menschen ins Krankenhaus eingeliefert und die Tendenz steigt. Der Sonnenstich entsteht durch die direkte Sonnenstrahlung auf den Schädel und Nacken. Aufgrund der Hitze kommt es zu einer Irritation des Gehirns und der Hirnhaut. Auch eine Hirnschwellung kann die Folge sein. Symptome sind hauptsachlich Kopf- und Nackenschmerzen.
Beim Hitzschlag dagegen handelt es sich um einen Überwärmungschaden, der sich anfangs meist nur unterschwellig bemerkbar macht. Er wird oft unterschätzt. Dabei kann es zu einem schwersten Multiorganversagen kommen, das oft tödlich endet.

Zur Prävention von Hitzschlägen gehört, dass man an heißen Sommertagen schweißtreibenden Sport und die pralle Sonne vermeidet. Wichtig ist es, viel zu trinken.

Immunschwäche

Die Hitze macht schlapp? Das ist medizinisch nicht ganz korrekt: Denn nicht die hohen Temperaturen sind der Grund, warum sich viele angeschlagen fühlen. Vielmehr ist es der Wechsel vom heißen Draußen hinein in klimatisierte Räume, der dem Körper zu schaffen macht. Er setzt die Immunabwehr unter Stress. Zudem ist die klimatisierte Luft oft zu trocken und verhindert die notwendige Befeuchtung der Atemwege.

Durchfall

Escherichia coli sind Auslöser diverser Sommerkrankheiten wie beispielsweise „Montezumas Rache", dem Reisedurchfall. Die Betroffenen greifen wegen ihm oft zu Antibiotika, was aber nur wenig hilft. Stattdessen führt diese Behandlung häufig dazu, dass die Erreger Resistenzen entwickeln. Besser ist es daher, Durchfällen vorzubeugen.
Eine Impfung zum Schutz bietet immerhin fast 60% Sicherheit.
Die Impfung ist auch für Kinder ab zwei Jahren geeignet, und ihre Schutzwirkung beginnt etwa eine Woche nach der Einnahme der letzten Impfdosis.
Ansonsten gelten die üblichen Regeln auf Reisen: immer wieder gründlich die Hände waschen. Und für das Essen in exotischen Gefilden heißtes: Koch es, brat es, schäl es oder vergiss es!

Reisekrankheit

Fühlt sich der Urlauber schon bei der Anreise mehr schlecht als recht, dann liegt es wohl an der Reisekrankheit. Auch wenn die typischen Symptome

Übelkeit und Erbrechen sind, so liegt ihr Haupt-auslöser weniger im Bauch als im überforderten Hirn. Es verkraftet nicht, dass die Augen die bewegungslose Flugzeugkabine oder das Schiffsdeck übermitteln, während das Gleichgewichtsorgan im Innenohr deutlich Bewegung vermeldet. Stresshormone werden ausgeschüttet, die den Magen in Wallung bringen.

Sonnenbrand

Wer sich vor Sonnenbrand schützen will, sollte sich stets mit Sonnencreme einreiben. Manche greifen dabei schnell zur Sonnencreme mit Lichtschutzfaktor 50, was ja prinzipiell bedeutet, dass man sich bis zu 50 Mal länger im UV-Licht aufhalten kann als sonst. Sicher ist es jedoch nicht.
„Sonnenschutzmittel wirken, wie sie wirken sollen", betont immer wieder in der BBC ein englischer Gelehrter.
Die Lösung, zu der die Experten daher raten: Sonnenhungrige tragen die Creme alle zwei Stunden neu auf und zwar immer dann, wenn sie geschwommen haben oder schweißtreibenden Sport betrieben haben. Zudem sollten auch sie nicht vergessen, dass kein Sonnenschutz stabiler ist als Schatten.

Kostas und die Millionäre

Ok, die Tourismusbranche ist am Arsch, dieses Originalzitat ist von Kostas, aber aussprechen könnten das momentan alle. Und wenn man Kosta's monatliches Salär von knapp über vierhundert Euro als Vergleich zu den Multis setzt, dann braucht man, um eine Prozentzahl zu errechnen, sicherlich einen Taschenrechner mit vielen Ziffern hinter dem Komma. Das was ich an Kosta schätze ist die Eigenschaft, die ich eigentlich auch pflege, auf nichts und niemanden eifersüchtig zu sein. So kamen wir heute auf die Top Ten der Forbes- Rangliste zu sprechen. Auf Platz eins ist unangefochten Floyd Mayweather, der mit nur einem Boxkampf 275 Millionen US-Dollar verdient hat. Wer George Clooney nur als Frauenschwarm kennt, irrt sich. Der Junge kommt auf Platz zwei mit 239 Millionen Dollar und das nicht mit der Filmerei, er kam schon vor einigen Jahren auf die Idee, einen eigenen Tequila herzustellen und ließ mit einem Kumpel dafür extra Häuser in Mexiko bauen. Von dem Zeitpunkt an optimierten Clooney und Gerber ihre Spirituose immer weiter. Ursprünglich war der Alkohol nur für Freunde und Familie gedacht, aber nach dem großen Erfolg von "Caliche Rum" wollten die Partner auch ihren Tequila zum öffentlichen Verkauf anbieten. Das Produkt heißt "Casamigos" und wurde ein großer Erfolg. Platz drei belegt die jüngste Milliardärin der Geschichte. Kylie Jenner verdient mit ihrer Kosmetikfirma über 166 Millionen im Jahr. Dann folgen die in den USA bekannte Fernsehrichterin Judey Sheindlin, der Schauspieler Dwayne Johnson, der Frontmann der Band Coldplay Chris Martin, ein weiterer Musiker folgt und zwar Ed Sheeran, nicht weit abgeschlagen Bono und erst, sieh einmal an, die zwei Topfußballer der letzten Jahre. Lionel Messi hamstert 111 Millionen im Jahr und auf Platz zehn folgt ihm Christiano Ronaldo mit 108 Millionen Dollar. Kostas schaute etwas verdutzt zur Decke und meinte: „Lieber Gott, wir haben nur ein Leben, danke dass ich es als Grieche leben kann."

Kostas und die Kleptomanie

Gerade drei Minuten von dem Wohnhaus Kostas entfernt wohnt Aristidis, inzwischen knappe siebzig Jahre alt, der früher bei der Minoan Schiffsgesellschaft arbeitete und ein sehr gutes Renteneinkommen bezieht. Aristidis lebt sehr zurückgezogen, braucht nicht viel, ist eine ruhige Person der Zeitgeschichte mit einer Manie, die weltweit bekannt ist. Der Begriff der Kleptomanie, was nichts anderes als Stehl-Besessenheit bedeutet, wurde schon Anfang des 19. Jahrhunderts geprägt. Ärzte vermuteten den Grund allen Übels in anatomischen Besonderheiten des Gehirns. Andere sprachen von einer sexuellen Ersatzhandlung oder gar von einer masochistischen Neigung, die darauf abzielt, erwischt zu werden und sich an der Demütigung lustvoll zu weiden. Aristidis weiß von seiner Krankheit und so entschädigt er die Geschädigten immer im Nachhinein.

Mit dem Käse fing alles an. Eine Portion, eingeschweißt, billig. Als er heimkam, seine Frau lebte damals noch, hat er es ihr sogar erzählt. „Ich weiß nicht warum", sagte er, „ich nahm den Käse und steckte ihn in die Tasche."

Ein anderer Kunde hat ihn dann vor dem Laden angesprochen, heute, viele Jahre später, kann er sich noch sehr genau daran erinnern. Damals war er knapp daran, seinen Arbeitsplatz zu verlieren. Er war zwar am nächsten Tag in den Laden gegangen und hatte das Stück Käse bezahlt, der Inhaber zeigte ihn jedoch bei der Polizei an. In den letzten Jahren hat sich aus vielerlei Gründen die Zahl der Lebensmitteldiebstähle auch in Griechenland erhöht. Das ist jedoch eine andere Baustelle.

Kleptomanie zählt heute zu den Impuls-Kontrollstörungen. Die Betroffenen können einer Versuchung nicht widerstehen. Wenn Kleptomanen zugreifen, hat das mit Stehlen nichts zu tun. Sie planen den Diebstahl nicht und wollen sich auch wie unser Aristidis nicht bereichern.

Ärger, Scham, Selbstzweifel sind Gefühle, die sich bei den Menschen einstellen. So auch bei Aristidis, der immer wieder zurückkehrt und dafür bezahlt, und als er mal einen Arzt konsultierte meinte dieser: „Mach stattdessen entweder fünf Kniebeugen oder beiße in eine Chilischote." Kostas erzählte mir, dass gerade am Vortag Aristidis fünf Paar Damenstrümpfe stibitzt hatte, die er soeben wieder abgab, als Eleni zufällig in diesem Geschäft anwesend war.

Kostas Geburtstagsfeier

Bei unserem heutigen Telefonat, konfrontierte mich Kostas damit, dass er seinen neunundsechzigsten Geburtstag groß feiern wolle. Als ich ihn daraufhin fragte, warum er gerade eine so krumme Zahl nimmt, meinte er lediglich, dass er es satthat, immer von runden Geburtstagen zu hören. „Ihr in Mitteleuropa seid doch immer so auf Fortschritt bedacht, warum macht ihr nicht mal etwas, das außerhalb der Norm ist, es ist nicht alles gerade oder kugelrund." Ich habe ehrlich gesagt die Grundidee nicht sofort begriffen, bis er fortfuhr: „Schau mal was ich gelesen habe, was ihr 2019 alles hattet: 250. Jahrestag des Geburtstags Napoleon, genau wie der 250. Geburtstag des Gelehrten Alexander Humbold, der Maler Henri Matisse wäre 150 geworden oder Theodor Fontane 200, genau wie Hermann Melville, dessen Roman „Moby Dick" ich gerade wieder lese. Friedrich Nietzsche würde seinen 175. Geburtstag feiern, warum soll ich nicht meinen 69sten groß feiern?" Ich hatte gleich den Gedanken an ein „Nein" indem ich ihm sagte, dass die Grenzen momentan noch geschlossen wären und durch diese Corona- Pandemie auch die Feiern nicht erlaubt sind. Seine Erwiderung war zwar nicht logisch, trotzdem brachte sie mich zum Schmunzeln. „Und warum feiert diese 30cm lange Zwerg- Barbie ihren 60sten Geburtstag? Dieser Graus aller Feministinnen. Dann habt ihr in Deutschland den 70. Jahrestag der Currywurst, die 1949 in Berlin zum ersten Mal verkauft wurde und dann noch dieser ekelhafte Bart Simpson, der aussieht wie 80, der jedoch 1989 zum Leben erweckt wurde." Als ich nachfragte, warum er dann keine Simpsons- Folge verpasst, kam der Schelm in ihm durch: „, Weil ich gerne so wie Bart wäre, er würde auch seinen 69. Geburtstag groß feiern wollen, aber jetzt Schluss damit, wir feiern nächstes Jahr meinen 70., wenn Gott mich noch auf der Welt lässt, und dann könnt ihr hoffentlich wieder nach Kreta kommen."

Kostas und die Glatze

Schwindendes Haar ist vor allem ein Problem für die eigene Eitelkeit. Im Internet und diversen Zeitschriften findet man tausendfach Ideen zur Lösung dieses Problems. Kostas konfrontierte mich heute mit einem Polizeibericht aus Mosambik. Die Ordnungshüter warnen nach drei brutalen Morden an glatzköpfigen Männern vor Angreifern, die hinter dem Haarausfall Potential für Wohlstand vermuten.
„Da müsste ich ja Multimillionär sein," meinte Kostas. Eines der Opfer wurde mit abgeschlagenem Kopf gefunden, einige Organe waren entnommen. Glatzköpfige Menschen werden verfolgt, weil manche glauben, sie hätten irgendwelche Kräfte, die einem zum Reichtum verhelfen. Einer der verhafteten Täter sagte aus, dass er die Organe an Heiler verkauft. Ein Polizeisprecher sprach von mehreren Personen, die vermisst werden. Das Bildungsniveau sei in Afrika zwar deutlich schneller gestiegen, es gibt aber auch abgelegene Gegenden, in denen Aberglauben noch verbreitet ist. In Südafrika ist inzwischen eine Spezialeinheit gegründet worden, um Ritualmorde aufzuklären. Es müssen nicht nur kahlköpfige Männer, sondern auch Zwillinge und Albinos aufpassen. Kostas meinte, dass er auch sehr abergläubisch sei und wenn das Essen gut schmeckt, müsse er sich deshalb einen Nachschlag genehmigen.

Kostas und die Kindersprüche

Kostas Zweitältester hat seit einem guten halben Jahr eine neue Liebe gefunden. Schönheit hat sie leider nicht viel geerbt, wobei bekanntlich die Schönheit im Auge des Betrachters liegt, sie bringt jedoch in die Beziehung einen achtjährigen Sohn mit, der auch Kostas heißt und die hoffentlich zukünftigen Großeltern immer wieder mit seinen Sprüchen begeistert.

Da der heutige Tag weniger ereignisreich war, musste ich versuchen, einige Schülersprüche, die uns am Vortag bei einer Fernsehsendung zum Lachen brachten, für Kosta zu übersetzen.

Lehrer: Nenne drei Nadelbäume

Anton: Tanne, Fichte, Oberkiefer

Lehrer: Beschreibe den Vorgang des Singens

Anton: Wenn man singt, dann beginnen die Schamlippen zu vibrieren.

Lehrer: Beschreibe die Verhältnisse in den Slums von Rio de Janeiro

Anton: Das Leben dort ist kein Ponyschlecken

Lehrer: Welche Stadt ist die Hauptstadt Österreichs?

Anton: Schweiz

Lehrer: Was ist das Gegenteil von pünktlich

Anton: Kariert

Lehrer: Anton, was machst Du da?

Anton: Frühstücken

Lehrer: Nein, das machst du jetzt nicht.

Anton: Na klar, siehst Du doch.

Lehrer: Nenne mir drei Eigenschaften von Salzen

Anton: Salze machen Essen salzig, Salz macht Pommes lecker.

Lehrer: Ägypten ist ein Geschenk des Nils

Anton: Wer ist dieser Nils?

Lehrer: Weißt Du, was das Wort Ader bedeutet?

Anton: Na klar, wenn man in der Stadt unterwegs ist und man sieht jemanden, den man kennt, dann denkt man sich: Ah, der!

Lehrer: Wozu dient das Gipfelkreuz

Anton: Damit der Berg nicht umfällt.

Kostas wusste noch einige witzige Ausreden fürs Zuspätkommen, die ich nicht vorenthalten möchte:

Der Bäcker macht erst um acht Uhr auf, und ich musste mir doch noch ein Frühstücksbrötchen kaufen.

Unsere Katze ist auf dem Autoschlüssel meiner Mama eingeschlafen und wir konnten deshalb nicht fahren.

Ich habe tatsächlich vor lauter Nebel die Schule nicht gefunden.

Kostas und der Tag des Kusses

Der Tag des Kusses findet jährlich am 13.Februar statt. Es ist der siebte Tag der Valentinswoche und somit der letzte Tag vor dem Valentinstag.

Bekanntlich, und da ist Kostas ein Meister seines Fachs, gibt es zweihundert Varianten, zu küssen.

Zur Feier des Tages berichtete er mir von folgenden Gepflogenheiten:

Griechenland: Küsschen rechts, Küsschen links, wohlgemerkt immer zwei und immer in dieser Folge. Viel geküsst wird in der orthodoxen Kirche. Viele Kirchgänger erweisen nicht nur dem Popen, sondern auch den Heiligenbildern die Ehrerbietung. Im orthodoxen Glauben ist der Kuss das Sinnbild einer intimen Beziehung zwischen dem Gläubigen und dem Heiligen.

Mexiko: Geküsst wird hier immer und überall, morgens, mittags, abends im Büro, auf der Straße. Aber gemach, es ist immer nur ein Hauch, ein Ciao. Darüber hinaus sind die Mexikaner eher verklemmt.

Serbien: Freunde und Verwandte werden mit überschwänglichen Küssen begrüßt. Statt Luftküsse ist hier der herzhafte Wangenkuss gefragt.
Großbritannien: To kiss or not to kiss lautet hier die Frage.
Niederlande: Bekannte und Freunde küssen sich bei jedem Treffen zur Begrüßung und zum Abschied drei Mal abwechselnd auf die Wange.
Schweden: Die zurückhaltenden Nordlichter küssen gern ohne Publikum. Selbst Händchenhalten oder Schlendern Arm in Arm ist eher selten.
Russland: Wenn Russen küssen, dann tun sie es ganz und vollständig. Es gibt den Ikonenkuss, den Kreuzkuss und den sozialistischen Bruderkuss.
China: Die Kusskultur ist in Asien schwächer ausgeprägt. Umso berührender ist die Geschichte, die sich 2017 ereignete. Ein 16-jähriger Junge stand kurz davor, Selbstmord zu begehen. Eine 19-jährige Kellnerin, die zufällig vorbeikam, rettete die Lage. Sie gab sich als Freundin des Jungen aus und gelangte hinter die Absperrung. Mit einem Kuss überrumpelte sie den 16-jährigen, der sich von ihr trösten ließ.
Liu war eine Woche lang die Heldin in den Nachrichten.
Italien: Ungeküsst geht in Rom niemand zu Bett. Bereits in den Begrüßungsküssen im Freundeskreis geht es ordentlich zur Sache. Geht die Oma zu Werke wird es vor allem laut, dieser unmessbare Großmutter-Stolz ist bis zur übernächsten Piazza zu hören. Wie schrieb schon Edmond de Rostand im Stück Cyrano de Bergerac, 1897 Ein Kuss, was ist er, wenn alles darüber gesagt wird? ... ein rosig Pünktchen auf das »i« in Liebe gesetzt. Ein Geheimnis ist's, das dem Mund und nicht dem Ohr verraten wird.

Kostas und die Erkältung

Oh nein, Kostas ist krank. Und wenn Kostas krank ist, dann haben sich alle nach ihm zu richten, weil Kostas nicht nur krank ist, sondern elendiglich verreckt. Er leidet so überdimensional, dass sogar Tante Filareti, die fast nichts mehr hört, zum Fenster kommt und laut über den Hof brüllt: „Was hat denn mein Kostaki?"
Als ich am Nachmittag anrief und mir Eleni den Hörer gab, konnte er sich nur noch mit leiser Stimme unterhalten, aber als ich ihn fragte, was los sei, wurde er von Minute zu Minute munterer, berichtete von seinen Kopfschmerzen und seinem Schwindelgefühl. Dass Kostas gerne ein Druide geworden wäre, ist bekannt, und seine Lebenskraft verstärkte sich, in dem er mir die für ihn besten Hausmittel gegen diverse Krankheiten nannte. Ich durfte die Worte im „WWW" nachschlagen und ihm recht geben.
Gewürznelken helfen bei Zahnschmerzen: STIMMT
Ihr Hauptwirkstoff ist Eugenol, das sowohl eine örtlich betäubende als auch eine antibakterielle Wirkung hat.
Inhalieren hilft gegen Schnupfen: STIMMT NICHT
Ein Forscherteam aus England untersuchte dieses und fand heraus, dass Salzwasserdämpfe oder Nasenspülungen nur geringfügig zur Linderung führen.
Honig wirkt gegen Husten: STIMMT
Hauptverantwortlich dafür sind vermutlich die antibiotischen Inhaltstoffe des Honigs. Honigzucker besänftigt die für Husten zuständigen Areale des Gehirns.
Die Anwendung: Viermal täglich einen Teelöffel einnehmen und dabei ein wenig im Mund hin und her bewegen.
Warme Wickel helfen: STIMMT
Schnupfenviren vermehren sich deutlich schwächer. Bestrahlt man die Stirnhöhlen mit Infrarotlicht und legt man einen warmen Wickel um den Hals, steigt die Temperatur und die Erreger haben schlechte Karten.

Viel Trinken hilft bei Grippe: STIMMT NICHT
Infektionen der Atemwege führen zu erhöhter
Ausschüttung antidiuretischer Hormone, die das Wasser
in Körper halten. Der Körper selbst unternimmt im Falle
einer Erkältung schon genug.
Cola und Salz helfen bei Durchfall: STIMMT NICHT
Cola und Salzstangen enthalten zwar Zucker und
Mineralien, die dem Körper durch den Durchfall verloren
gehen, aber damit ist der positive Effekt schon erschöpft.
Cola enthält Koffein, das die Darmtätigkeit anregt und der
Zuckergehalt ist so hoch, dass es zu vermehrter
Wasserausscheidung kommt. Dieses stellten übrigens
Wissenschaftler der Uni in Ioannina fest.
Heiße Milch hilft beim Einschlafen: STIMMT NICHT
Zwar schlafen Babys bekanntlich besser, wenn man
ihnen vorher Milch zu trinken gibt, das liegt aber daran,
dass sie dann keinen Hunger haben. Milch enthält
Aminosäuren, die der Körper zur Produktion
schlaffördernder Hormone heranziehen könnte, doch hier
hilft nur eine Dosis von mindestens 25 bis 30 Gläsern.
Bier am Morgen hilft bei Kater: STIMMT
Hauptverantwortlich für Katerbeschwerden ist weniger der
Alkohol als vielmehr aus Methanol bestehender
Fuselalkohol. Bei seinem Abbau entstehen
Ameisensäuren, die wahrscheinlich zum Kater beitragen.
Trinkalkohol benötigt für den Abbau dasselbe Enzym wie
Methanol. Für Leber und Hirn ist das jedoch ein
ziemlicher Stress.
Ein Schnaps hilft der Verdauung: STIMMT NICHT
Laut einer Studie der Uni Zürich führt diese Strategie
vielmehr dazu, dass ein opulentes Mahl ungefähr
anderthalb Mal so lange braucht, bis es vom Magen in
den Darm gelangt. Der Schnaps entspannt offenbar
intensiv die Muskeln der Magenwände und hemmt
dadurch die Pumpenbewegungen. Zwar entsteht ein
wohliges Wärmegefühl, doch diesem Effekt steht eine
deutliche verzögerte Magenentleerung entgegen.

Kostas ist inzwischen wohlauf und freut sich auf seine nächste Zigarette.

Kostas und der Exorzismus

An diesem Nachmittag rief mich Kostas kurz nach Siebzehn Uhr deutscher Zeit an, sehr ungewöhnlich, da er sonst um diese Zeit seinen berühmten Mittagsschlaf hält. Ich dachte schon, es wäre was in Heraklion passiert, aber passiert war es in Neu-Isenburg nahe Frankfurt. Die Vorgeschichte: Im Jahr 2015 ist eine vierzigjährige Frau in einem Hotelzimmer bei Frankfurt tot aufgefunden worden. Fünf Verwandte der Frau hatten sich dazu entschlossen, bei ihr eine Teufelsaustreibung vorzunehmen. Was zunächst auch vor Gericht als „brutale Folter" bezeichnet wurde. Schlussendlich aber erhielt nur einer der fünf Angeklagten eine Freiheitsstrafe, weil er glaubhaft den Richter davon überzeugte, dass alles lediglich eine spirituelle Sitzung war und man die Frau von ihren Dämonen befreien wollte, der Tod jedoch ein tragischer Unfall war.
Kostas bat mich, zu recherchieren und ich fand schließlich einen Kurzbericht darüber und dass die vier anderen Mitangeklagten, alle aus Südkorea stammend, Bewährungsstrafen erhielten.
Es versteht sich, dass ich daraufhin Kosta bat, mir zu sagen, wie er auf diese Geschichte kam, und er erzählte mir, dass in der Vigla, einer Parallelstraße, zwei südkoreanische Familien zugezogen sind und Eleni durch Katerina hörte, die es von Sofia erfahren hat, die wiederum mit unserem Cousin Picasso befreundet ist, ja er heißt nicht Picasso, aber da er Maler ist kennen ihn alle nur so, dass man in dem Haus keine weißen, sondern schwarze Kerzen anzündet und dieses wäre sehr merkwürdig. Fakt ist, dass die Polizei, die von Katerina

gerufen wurde, feststellte, dass es sich dabei um Räucherkerzen handelt, die Buddhisten beim Wesakfest anzünden. Wesak ist das größte Fest. Es wird in der ersten Vollmondnacht im Mai gefeiert. Anlass ist die Geburt Buddhas, seine Erleuchtung unter einem Feigenbaum und dass er nach seinem Tod in das Nirwana eingegangen ist. Die Lichter der Kerzen sind das Symbol dafür, dass alle, die dem "Licht des Buddhismus" folgen, "über den Fluss des Unwissens in das Land der Wahrheit" getragen werden. Man sieht somit, dass nicht alles mit Hexerei und Exorzismus in Verbindung steht.

Kostas und die Fledermäuse

Wie man aus vielen Quellen hört, soll dieser Corona-Virus, der uns momentan so plagt, von Fledermäusen auf die Menschen übertragen worden sein. Natürlich denken wir zunächst an Vampire wie Dracula, der in Europa seine Residenz hatte. Aber es gibt auch den gemeinen Vampir, eine Fledermausart, die in Südamerika beheimatet ist und nicht in China. Diese Tiere sollen sehr gesellig sein und leben in Höhlen in einer mehrere Tausende zählenden Kolonie. Forscher haben diese Tiere beobachtet und mussten Beachtliches feststellen. So haben sie Fledermausweibchen herausgefangen und 24 Stunden lang hungern lassen. Dann haben die Forscher beobachtet, wie sich die anderen Fledermäuse um ihre hungrigen Artgenossen gekümmert haben. Diese Vampirfledermäuse würgen ihre Blutmahlzeit wieder hoch, um sie mit den Kindern des Weibchens, das von der Gruppe getrennt wurde, zu teilen. Wie reagierten die anderen Tiere? Ganz einfach, sie sorgten sich um die hungrigen Artgenossen und fütterten sie. Ein Beispiel, wie in der Tierwelt, auch bei Vampiren, das Zusammensein, die Freundschaft, eine große Rolle spielt. Ein alter Pope erzählte uns folgende Geschichte, wie die Fledermaus ihre Flügel bekam. Es war vor langer, langer Zeit eine ganz fromme Maus, die zum Beten zu einer Kapelle auf der Bergspitze des Psiloritis ging. Die Maus wurde im Laufe der Jahre immer älter und der Weg zur Kapelle wurde immer beschwerlicher. Das hat der liebe Gott gesehen und sagte sich, er wolle der Maus helfen. Eines Tages nun, die Maus war wieder bereit, zur Bergspitze zu wandern, bemerkte sie, dass ihr Flügel gewachsen waren. So entstand die erste Fledermaus. Diese Gabe vererbte sich auch bei den Nachkommen der Maus und so entstand die Gattung der Fledermäuse. Diese Geschichte gefiel uns sehr und wir vergaßen in diesem Augenblick, dass das Christentum vor gute Zweitausend Jahre begann, aber nachweislich Fledermäuse seit fast 50 Millionen Jahren auf der Erde leben.

Kostas und das horizontale Gewerbe

Die komplette Schließung aller Geschäfte und die strikte Ausgangssperre brachte und bringt viele in den Ruin. Kostas wusste zu berichten, dass unter der großen Brücke nahe dem neuen Stadion und an zwei weiteren markanten Stellen in Heraklion keine einzige Dame ihrem Geschäft nachgehen kann. Diese Frauen, zum Großteil aus Osteuropa, werden zur Prostitution gezwungen. Sie werden über professionelle Model- bzw. Künstleragenturen oder Inserate in Zeitungen geworben. Viele dieser Mädchen sind minderjährig und werden Opfer einer Liebesbeziehung, die vorgegaukelt wird. Studien besagen, dass lediglich ein Drittel dieser jungen Frauen mit der Prostitution einverstanden sind. Elena, eines dieser Mädchen, hat über Facebook einen 30-jährigen Mann aus Nea

Alikarnasos kennengelernt. Er stammte wie sie aus Bulgarien. Sie wollte zurück zu ihrer Familie und hatte kein Geld, und er versprach, ihr zu helfen. Sie fuhren mit der Fähre nach Athen, dort sollte ein Freund von ihm ihnen ein Auto leihen. In Piräus angekommen gingen sie in die Wohnung des Freundes. Dieser Freund hat dann Elena an den Haaren in die Wohnung hineingezogen und vergewaltigt, während der andere in der Küche einen Kaffee trank. Sie wehrte sich, aber er schlug sie bewusstlos. In ihrer Hilflosigkeit soll die Frau mit einer Klobürste versucht haben, ihn zu schlagen, er fesselte sie daraufhin und ließ sie nackt zwei Tage und zwei Nächte auf einem Stuhl sitzen. Es folgte danach die Anweisung zur Prostitution. Täglich kamen mehrere Männer, sie wagte es nicht, sich körperlich zu wehren, da sonst die Prügelstrafe an der Tagesordnung war. Ihr erster Fluchtversuch endete kläglich mit zwei gebrochenen Rippen, der zweite gelang. Sie ging zur Polizei, die ihr dann mit Hilfe des Bulgarischen Konsulats die Busfahrt nach Sofia ermöglichte. In der Zwischenzeit sind beide Männer gefasst. Sie bestreiten alle Vorwürfe und meinen sogar, selbst die Opfer zu sein, weil sie der Frau kostenlose Unterkunft ermöglicht hatten. Da Elena jedoch nicht mehr nach Griechenland zurückkommen möchte, um bei einem möglichen Prozess als Zeugin auszusagen, sind beide nach nur einer Nacht im Arrest auf freien Fuß gesetzt worden.

Kostas und das große Kino

Man sollte sich eine Zahl im Mund zergehen lassen, und das ist die Zahl von 16 Millionen. Exakt 16 Millionen neue Kunden hat der Film- und Seriengigant Netflix dieses Jahr bereits dazu gewonnen. Klar ist, dass die Menschen aktuell viel mehr und länger vor dem Fernseher sitzen. Kostas, ein Sportfanatiker, ist einer, der alles, was Sport ist, konsumiert, und da aktuell kein Sport mehr übertragen wird, tröstet er sich mit Filmen über den Sport. Kostas' absoluter Favorit ist Rocky aus dem Jahr 1976. Über kaum einen anderen Sport gibt es so viele Filme wie über das Boxen. Und keiner zweifelt daran, dass Rocky Balboa Sylvester Stallone ist und umgekehrt. Acht Teile hat die Filmreihe, nicht alle sind eine Wucht, aber Rocky I ist ein Muss. Kleinlaut musste ich meinen Lieblingsfilm im Bereich Sport nennen und zwar „Wie ein wilder Stier" von 1980. Ein grandioser Robert de Niro und ein Meister des Regiefachs Martin Scorcese schildern den Aufstieg und Fall des Weltmeisters Jake LaMotta. Robert de Niro hatte 30 kg für die Rolle zugenommen. Keiner, der Cineast ist, kann an diesem Film vorbei. Wir dachten über andere große Sportfilme nach, wie z.b. über den Football Film „Blind Side" oder „Invictus" von Clint Eastwood mit einem großartigen Morgan Freeman als Nelson Mandela. Ich wollte unbedingt in der Aufzählung Space Jam von 1996 nicht unerwähnt lassen, wenn Michael Jordan Bugs Bunny trifft. Kostas legte auch Wert auf „Die Indianer von „Cleveland" sowie „Moneyball- die Kunst zu gewinnen" und „An jedem verdammten Sonntag" mit seinem Lieblingsschauspieler Al Pacino. Der Film ist mir noch sehr gut in Erinnerung, da die hübsche Cameron Diaz mitspielte.

Als ich mich von Kosta verabschiedete, meinte er, dass er sich jetzt einen weiteren Sportfilm anschauen wollte, es wäre ein Klassiker. Auf meine Frage welchen, meinte er: „Der letzte Tango in Paris", dieses filmische Meisterwerk von Bernardo Bertolucci. Thematisch kreist der Film um den Daseinsschmerz und die Unterdrückung des Individuums durch gesellschaftliche Institutionen und Erwartungen. Also voll die Klientel Kostas.

Kostas und die Schulden

Nicht nur jetzt in der Gesundheitskrise liest man überall von Überschuldung und Existenzängsten. Auf Kreta ist das Problem jedoch seit langem allgegenwärtig. Das Problem der Überschuldung ist aber auch bei uns in Deutschland nicht nur ein Problem der einkommensschwachen Schichten. Ende 2019, also lange bevor wir hier über Corona sprachen, waren fast sieben Millionen Deutsche überschuldet, obwohl die Zahl der Arbeitslosen auf den niedrigsten Stand gesunken ist. Wenn man die Zahlen analysiert, ist jeder zehnte Erwachsene betroffen. Das verblüffende ist, dass die Bürger mit geringen Einkommen nicht so betroffen sind wie die Mittelschicht. Die Hauptschuld daran sind Erkrankungen, Suchtprobleme oder Unfälle oder gar ein unwirtschaftliches Haushaltsbuch. Die Zahl der überschuldeten 50jährigen ist gewachsen, wie auch die der über 70jährigen. Altersüberschuldung ist ein sehr großes Problem. 60% der Überschuldeten sind Frauen, häufig geraten alleinstehende Mütter in die Schuldenfalle. Ende 2019 soll sich allein in Deutschland der Schuldenbetrag auf knappe 210 Millionen Euro belaufen haben. Im Ranking der Bundesländer sind Bremen und Berlin ganz vorn.

Experten haben daraufhin im April 2020 hier massiv gewarnt, den berühmten Lockdown weiter auszudehnen. Nicht nur auf Kreta, wie wir alle wissen, haben sich die Anzahl der Tafeln vervielfacht, auch in Deutschland ist diese Zahl und vor allem die Anzahl der Personen, die täglich kommen, massiv gewachsen.

Mehr als 2.000 Tafel-Läden und Ausgabestellen gibt es in Deutschland. Deutschlandweit engagieren sich mehr als 60.000 ehrenamtliche Helferinnen und Helfer für die Tafeln. Über 2.300 Fahrzeuge sind im Einsatz.

Die deutschen Tafeln unterstützen regelmäßig mehr als 1,6 Millionen bedürftige Personen, davon sind

30 Prozent Kinder und Jugendliche, 26 Prozent Senioren, 44 Prozent Erwachsene im erwerbsfähigen Alter. Die Zahl der Tafeln und der unterstützenden Personen ist in den letzten Jahren stetig gestiegen. Die Menge der gespendeten Lebensmittel ist tendenziell steigend, aber nicht in der Geschwindigkeit, in der die Nachfrage steigt. Mit Sorge beobachten die Tafeln vor allem die weiterhin hohe Anzahl der bedürftigen Kinder und Jugendlichen. Das Spendenaufkommen variiert regional stark. Dass so viele im reichen Deutschland auch Geldprobleme haben ist sicherlich kein Trost, das gute bei uns in Deutschland ist, dass ein gutes soziales Netz da ist um einen aufzufangen. In Griechenland jedoch ist man auf sich allein gestellt. Kostas der vor fünfzehn Jahren begonnen hatte, in der Nähe von Malia ein Haus zu bauen, hat allein dadurch, dass er keine Grundsteuer bezahlt, nicht nur eine Bauruine stehen, sondern auch enorme Steuerschulden.

Kostas und die genialen Erfindungen

Kostas ist wie wir alle wissen ein Genie. Das dumme daran ist, dass die Ideen, die er hat, schon längst von irgendjemandem erfunden worden sind, oder sie sind so utopisch, dass für die Realisierung sehr viel Geld benötigt wird, nicht nur in der Praxis, sondern auch für die Vermarktung, die sicherlich schwieriger ist. Kostas stellte eine Rangliste der Dinge auf, die seiner Meinung nach die Welt revolutioniert haben. An erster Stelle kommt die Fliegenklatsche. Ein schwäbischer Tüftler, habe ich später nachgelesen, meldete Anfang der 50er Jahre diese als Patent an. Wattestäbchen wären auch wichtig, die Geschichte hierzu ist auch lustig, der Erfinder beobachtete, wie seine Frau seinem Sohn mit einem Zahnstocher die Ohren reinigte und so beschloss er, etwas Schonenderes zu erfinden. Eine weitere Idee, die Kostas favorisiert, sind die Kronkorken. Seinerzeit gab es keine Plastikflaschen. Ein Volk, das im Gebiet von Sumer im südlichen Mesopotamien im 3. Jahrtausend v. Chr. lebte, hatte seinerzeit schon Trinkhalme, die in der Neuzeit erst Ende des 19. Jahrhunderts wiederentdeckt wurden. Eine weitere Erfindung, die Kostas schätzt, sind Luftballone, die Anfang des 19. Jahrhunderts von einem Engländer erfunden wurden. Auf meine Frage, warum er nicht Elektrizität, Telefon, Eisenbahn oder den Motor in seiner Aufstellung nannte, meinte Kostas, die würde er als weniger wichtig erachten und ergänzte die Liste seiner Lieblingserfindungen mit dem Tetra-Pak, dem Post-it, den Kaffeefiltern, dem Taschentuch sowie Eis am Stiel. Zum letzteren gibt es folgende Geschichte: Der elfjährige Frank Epperson aus San Francisco mixte 1905 eine Limonade mit Brausepulver und stellte diese mit einem Rührstäbchen zum Abkühlen vors Fenster. Als er am nächsten Morgen nachschaute, um seine Limo zu trinken, hielt er das erste Eis am Stiel in der Hand.

Kostas und sein geheimer Berufswunsch

Bekanntlich war Kostas Elektriker, Damenoberbekleidungsverkäufer, Barkeeper und Restaurantbetreiber. Eigentlich hätte er was ganz anderes werden wollen, und zwei seiner verpassten Berufe hat er mir an diesem Tag aufgezählt. Zunächst wollte er Detektiv werden.
Kostas: „Also zunächst wäre ich bei einer NATO- Einheit im Bereich Spionageabwehr. Der Schutz streng geheimer Projekte in Griechenland wären mein Schwerpunkt. Die meisten meiner Kunden kämen aus der Wirtschaft, auch in Griechenland ist die Industriespionage angesiedelt. Vielleicht würde ich auch nachgemachte Fußballtrikots

verfolgen. Die Vertriebswege sind da sehr wichtig. Privatleute würden mich vor allem auf Heiratsschwindler ansetzen oder wenn sie auf der Suche nach vermissten Personen sind. Die meiste Zeit würde ich mit Observieren verbringen. Das Auto soll nicht zu auffällig sein. Häufig ist ein wechselnder Kleidungstil auch wichtig. Als wichtigsten Fall würde ich den nehmen, von dem ich oft geträumt habe. Eine junge Frau war vor einiger Zeit verschwunden und ihr Vater hat ihr eine hohe Summe hinterlassen. Der Onkel beauftragt mich und ich finde sie als Straßendirne in Piräus. Heute ist sie Geschäftsführerin einer Kosmetikladenkette mit fünfzehn Filialen in ganz Griechenland.

Mein anderer Berufswunsch", meinte Kostas, „wäre Kriminalbeamter bei der Spionageabwehr, als Zielfahnder für Personen, die plötzlich abgetaucht sind, darunter Mörder oder Drogendealer. Ich habe von Kind auf Puzzles geliebt und diese Arbeit ist wie das richtige Zusammenfügen von Puzzlesteinen. In Griechenland gibt es lediglich drei, die der gleichen Arbeit wie ich nachgehen. Die Erfolgsquote ist hoch, da kein Mensch auf einer einsamen Insel wohnt. Die Wahrscheinlichkeit, dass die Person irgendwann auftaucht, ist sehr groß."

Kostas drückte seine Zigarette aus, schaute verträumt und meinte, dass wenn er neu geboren würde, er sicherlich ein Detektiv oder Agent werden würde. Zur Feier des Tages beschloss er dann, drei James Bond Filme nacheinander anzuschauen.

Kostas und die Motivation

Kostas Ältester ist entlassen worden. Die Arbeit in einem Toto-Lotto Laden war nie seine Lieblingsbeschäftigung gewesen, aber er hat seinen Job gut erledigt. Die Corona-Krise jedoch braucht keine Mitarbeiter, die nicht arbeiten, weil der Laden geschlossen ist und da es in Griechenland kein Kurzarbeitsgeld gibt, ist die einzige Lösung die Entlassung. Kostas meinte, dass er sowieso nicht motiviert war und hofft, dass er, wenn bald wieder die Geschäfte öffnen, einen passenderen Job findet. Wir haben uns danach diesbezüglich unterhalten, da ich meine eigenen Erfahrungen sammeln konnte. Erstes Kriterium für die Unzufriedenheit von Arbeitnehmern ist der Druck. Mittelfristig killt das Antreiben von „Denen da oben" die Arbeitslust. Nicht wenige Ärzte behaupten, dass es auch sehr gesundheitsschädigend wäre. Bei Stress schläft der Mitarbeiter nicht gut und manch einer fürchtet um die Existenz. Zweites Kriterium ist die Unterforderung. Nicht nur permanenter Druck, auch Langeweile kann Mitarbeiter demotivieren. Kostas' Ältester hat Bauingenieur gelernt, aber in den letzten Jahren sammelte er Totoscheine ein. Wissenschaftler mahnen, man soll Mitarbeitern mehr Verantwortung übertragen. Das dritte Kriterium ist das liebe Geld. Der Spruch von Tante Filareti, dass Geld nicht alles ist, stimmt, aber wer kein Geld hat, kann sich auch nichts zu essen kaufen. Wer viel und Gutes leistet, soll dementsprechend entlohnt werden. Ein viertes Argument ist der schlechte Umgangston. Ständiges Rumbrüllen ist zum einen unprofessionell und zum anderen erniedrigend. Weitere Kriterien wären wenig Lob, verschwendete Zeit und mangelnde Kommunikation. Der Filius ist inzwischen über vierzig und macht erstmal eine schöpferische Pause.

Kostas und die Kinder

Die Kinderlosigkeit ist in der griechischen Gesellschaft mittlerweile ein Massenphänomen. 30 Prozent der Frauen und Männer zwischen 30 und 50 Jahren haben keine Kinder. Zwar ist die Geburtenrate wie auch in Deutschland nur minimal gestiegen, doch diese Tatsache bildet für die Zukunft ein großes Problem. Bei einer aktuellen Umfrage des TV-Senders Alpha sagten fast 90% der Befragten zwischen 18 und 30 Jahren, dass sie eine Familie gründen wollen. Fakt ist jedoch, dass die Arbeitslosigkeit oder ein geringer Lohn nicht fördernd sind.

Kostas, der unbedingt Großvater werden möchte, hofft, dass einer seiner Stammhalter sich an die Arbeit macht, jedoch bislang vergeblich.

In Europa ist die Gesamtfruchtbarkeitsrate massiv gesunken.

In Frankreich betrug die Geburtenrate im Jahr 2018 bei 11,3 Geburten je 1.000 Einwohner, in Griechenland keine 8. Eine erschreckende Zahl ist für Hellas prognostiziert. 2019 lebten 10,7 Millionen Menschen, und eine Hochrechnung ergibt, dass im Jahre 2030 nur noch 10,4 Millionen und im Jahr 2050 nur 9,6 Millionen sein werden. Auf knapp 8 Millionen kommen wir im Jahre 2080.

Kostas lässt sich nicht von seinem Traum, Großvater zu werden, abbringen, obwohl er sich sicher ist, dass die Wahrscheinlichkeit sehr, sehr gering ist.

Kostas und die starken Frauen

Ein kleines Mädchen namens Karin, das krank im Bett lag, bat seine Mutter: „Erzähl mir was von Pipi Langstrumpf". Die Mutter fragte, wer das sei und Karin meinte, sie hätte diesen Namen gerade erfunden. Das war vor gut 75 Jahren, als die Mutter, eine gewisse Astrid Lindgren, die erste Geschichte von Pipi Langstrumpf erfand, die Geschichte aufschrieb und ihrer Tochter schenkte. Parallel schickte sie das Manuskript zu einem Verlag, der jedoch ablehnte. Später gewann sie mit dieser Geschichte einen Schreibwettbewerb und heute ist Pipi der Inbegriff einer starken Frau.

Kostas geht, benimmt sich und spricht wie ein Macho, ist jedoch ein butterweicher Hosenscheisser, wenn seine Eleni ihm etwas sagt. An diesem Tag sprachen wir von starken Frauen, Persönlichkeiten, die uns spontan einfielen. Kostas der Sportheld nannte Serena und Venus Williams. Als kleine Mädchen waren sie schon jeden Tag auf dem Tennisplatz und waren schon in ihrer Schulzeit erfolgreich. Serena gilt hinsichtlich ihrer Grand-Slam Erfolge als eine der erfolgreichsten Tennisspielerinnen aller Zeiten. Ich war an der Reihe und nannte Malala Yousafzai aus Pakistan, die 2014 den Friedensnobelpreis als jüngster Mensch der Geschichte erhielt. Sie setzt sich für Bildung von Mädchen ein. Das hat sie fast mit ihrem Leben bezahlt. Sie wurde von Talibankämpfern bei der Heimfahrt im Schulbus durch Schüsse schwer verletzt. Kostas kannte von seinem jüngsten Sohn Kathleen Hanna, die in der Punkszene einen Namen hat. Sie wurde zu einer Vorreiterin einer feministischen Bewegung, die sich gegen Diskriminierung von Frauen einsetzte.

Das Gespräch brachte weitere Namen und wir setzten uns als Ziel, jeder noch einen einzigen zu nennen. Ich nannte Frida Kahlo, die als Sechsjährige schon Kinderlähmung hatte und gebrechlich war. Mit 18 hatte sie einen schweren Busunfall und war monatelang ans Bett gebunden. Mit einer speziellen Staffelei malte sie liegend. Sie ist die bekannteste Malerin Mittel- und Südamerikas.

Kostas meinte, dass man Anne Frank nicht vergessen darf, die Anfang 1945 in einem KZ ermordet wurde. Sie schrieb ihr Tagebuch in ein kleines Notizbuch und dokumentierte so die zwei Jahre, in denen sie mit ihrer Familie in einem Hinterhaus in Amsterdam versteckt leben musste, jeden Tag mit der Angst, entdeckt zu werden. Dieses Tagebuch ist auch ein Dokument, wie tapfer man seinem Schicksal begegnen kann.

„Wenn ich mein Leben noch einmal leben könnte, würde ich die gleichen Fehler machen. Aber ein bisschen früher, damit ich mehr davon habe." Das sagte Schauspielerin und Sängerin Marlene Dietrich. Diese Geschichte könnte nicht besser als mit diesem Satz enden.

Kostas und das Frauenhaus

Kostas war an diesem Tag sehr aufgeregt. Frau Angeliki, die Nachbarin, hatte geklingelt und gemeint, sie würde Niopi, die Nachbarin gegenüber, vermissen. Seit zwei Tagen wäre sie nicht gekommen und Niopi schaut doch mindestens einmal am Tag vorbei. Frau Angeliki hatte daraufhin bei ihr an die Tür geklopft, nur Antonis, ihr Mann wäre rausgekommen, hätte barsch gesagt, dass Niopi nicht da wäre und die Tür wieder zugeknallt. Sie fragte, ob Kostas vielleicht kurz rüber gehen könnte. Das war ihm eigentlich nicht so recht, weil Kostas seine Nase nicht überall reinstecken möchte, er versprach ihr aber, dass er schauen würde. Das tat er auch, nachdem er seinen Nachmittags- Frappé getrunken hatte. Nach dreimaligem Klopfen öffnete Antonis die Tür einem Spalt, sagte: "Sie ist nicht da" und knallte diese wieder zu. Frau Angeliki beobachtete das Ganze durch einen Schlitz in ihrer Gardine. Der Folgetag kam und Frau Angeliki war wieder bei Kosta und Eleni und wusste zu berichten, dass Niopi im Frauenhaus bei Nea Alikarnasos sei. Sie hätte sie angerufen und gebeten, einige Kleider aus der Wohnung zu holen, ein Sozialarbeiter würde diese dann abholen.

Was war passiert? Durch die Corona-Ausgangssperre waren Antonis und Niopi fast sieben Wochen nicht aus ihrer Zwei- Zimmer- Wohnung gekommen, parallel hat er von seiner Kündigung als Hausmeister des Hotels „O Ilios" erfahren, und die einzige Tochter war wieder einmal nicht auffindbar. Man vermutet, dass bei ihr wieder eine Gefängnisstrafe anstand, da sie sich gerne in

Rauschgiftkreisen aufhält. An einem der letzten Tage begann Antonis grundlos, sich wie ein Stier zu benehmen und schlug sogar Niopi ins Gesicht. Sie bekam Angst und floh ins Frauenhaus. Kostas meinte, dass viele Faktoren dazu führen, dass Ehen massiver Belastungsproben ausgesetzt sind. Wir waren der Meinung, dass diese Krise viele Paare entzweien wird. Je ähnlicher beide denken, desto fester ist die Beziehung. Wenn der Eine introvertiert ist, der Andere jedoch alles nach außen trägt, kann es zu Missverständnissen kommen. Verhaltensforscher würden jetzt sagen, man soll sich positive Gedanken machen und sich vom Schlechten entfernen. Tatsache ist, dass das Frauenhaus in Heraklion in den letzten acht Wochen aus allen Nähten geplatzt ist. Durch unsere Hilfsorganisation „Kretahilfe" haben wir Kontakte zu Sozialarbeitern, die einen tiefen Eindruck in dieser Materie haben. Je schwieriger die Zeiten, desto rücksichtloser werden Menschen.

Kostas und die Verschwörungstheorien

Kostas ist genervt. In Griechenland wie auch in Deutschland herrscht Meinungsfreiheit. Aus diesem Grund dürfen hierzulande auch zum Teil komplett durchgeknallte Verschwörungstheorien verbreitet werden. Worum geht es bei den Verschwörungstheorien? Die Verschwörungstheorien ätzen gegen etablierte Wissenschaften, das politische System oder gegen eine "dunkle globale Elite". Von "Corona-Diktatur" ist die Rede, von "Bevormundung des Bürgers", von der Erschaffung einer "neuen Weltordnung" durch böse Mächte. Frei äußern dürfe man das aber nicht, es herrsche "Zensur". Die Mythen bieten klare Feindbilder und einfache Erklärungen für komplexe Zusammenhänge. Belege gibt es nicht. Sachliche Argumente seitens der Kritiker werden angezweifelt oder geleugnet.

Vorstellung 1: Das Coronavirus ist harmlos.

Die Idee von einer "normalen" Grippe bzw. einer Erkältung hielt sich am Anfang der Pandemie.

Fakt ist:

Die verstorbenen Patienten und Todesfälle beim medizinischen Personal sind nicht erfunden. Noch steigen die Infizierten- Zahlen an, es gibt keine Impfung, und kaum eine Therapie außer intensivmedizinischer Beatmung. Eine Infektion mit dem Corona-Virus kann tödlich enden. Unklar bleibt auch, warum "die Eliten" eine Pandemie erfinden sollten, denn der wirtschaftliche Schaden durch einen Lockdown, der die Verbreitung des Virus verhindern soll, geht in die Milliarden.

Vorstellung 2: Das Coronavirus ist eine Biowaffe und stammt aus einem Labor.

Wahlweise stammt das neuartige Virus aus einem Labor in Wuhan oder den USA.

Fakt ist:

In Wuhan wurde Anfang 2015 das Wuhan Virologie-Institut eingeweiht - das bislang einzige offizielle chinesische Labor der höchsten biologischen Schutzstufe. Bislang wird aber davon ausgegangen, dass das neuartige Coronavirus seinen Ursprung auf dem Wildtiermarkt in Wuhan hatte.

Falsche Vorstellung 3: Es soll eine neue Weltordnung geschaffen werden. Geheimgesellschaften wollen die Krise ausnutzen und eine autoritäre Weltordnung errichten.

Fakt ist: Die Idee einer "Neuen Weltordnung" ist ein beliebter Verschwörungs- und Esoterikermythos in rechtsextremen Kreisen. Je nach Auslegung wollen aber sogar Vampir-Außerirdische die Menschheit versklaven!

Falsche Vorstellung 4: Bill Gates will die Menschheit zwangsimpfen und überwachen.

Die Bevölkerung soll aufgrund ihrer Angst vor dem Coronavirus dazu gezwungen werden, sich impfen zu lassen. Geldgierige Geschäftsleute rund um Bill Gates hätten bereits ein Patent auf den Impfstoff angemeldet. Fakt ist: In Deutschland gibt es keinen Impfzwang. Niemand wird betäubt, gefesselt und dann gegen seinen Willen gepiekt! Eine Impfpflicht gegen das Coronavirus steht derzeit auch nicht zur Debatte.

Falsche Vorstellung 5:
Die neuen 5G-Sendemasten sind für die Verbreitung des Coronavirus verantwortlich. In Großbritannien wurde daher an vielen Masten Feuer gelegt. Auch die Menschen in Wuhan sollen an der Strahlung von 5G erkrankt und gestorben sein, nicht aber am Virus. Fakt ist: Nichts. Die blinde Zerstörungswut verhindert nur, dass Rettungssanitäter, die dringend auf schnelle Mobilfunkleistung angewiesen sind, rechtzeitig zum Einsatzort gelangen. 5G bedeutet nur die fünfte Generation der drahtlosen Netzwerktechnologie. Sie wird über Mobilfunkmasten durch Funkwellen übertragen, welche aber nicht-ionisierend sind, sprich: sie schädigen nicht die DNA im Zellinneren des menschlichen Körpers.

Gefährlich: Rechtsextreme nutzen Corona-Angst für ihre Zwecke.

Kostas Hoffnung ist, dass endlich eine weltweite Impfung beginnen kann. Er hofft, dass auch ärmere Länder wie Griechenland genug Impfdosen erhalten.

Bisher erschienene Bücher der Kretahilfe e.V.

Kreta ist die größte griechische Insel und mit 1.066 Kilometern Küstenlinie die fünftgrößte Insel im Mittelmeer. Die Region Kreta umfasst 8.336 Quadratkilometer und schließt einige umliegende Inseln mit ein, von denen die vor der kretischen Südküste gelegene Insel Gavdos den südlichsten Punkt Europas markiert. Die Insel hat insgesamt 625.000 Einwohner. Verwaltungs- und Wirtschafts-zentrum Kretas ist Heraklion, das mit etwa 173.993 Einwohnern gleichzeitig die größte Stadt Kretas darstellt.

Auf einer Internetseite habe ich folgendes gelesen:

„Kreta – Wenn ich nicht dort bin, bleibt nur die Sehnsucht."

Dieser Satz sagt das, was Kreta- Liebhaber spüren. Wie kann man nun dieser Insel und vor Allem diesen Menschen, die dort leben, gerecht werden? Ich denke, das kann man nicht, aber man kann das Leben, das Gefühl, den Geschmack „Kreta" versuchen zu vermitteln.

Das erste Buch, das wir als Kombination Kurzgeschichten/Rezepte/Bilder gemacht haben, heißt -Kreta mit allen Sinnen. Ok, wir haben das ausgesprochen, was wir fühlten, obwohl es wissenschaftlich gesehen nicht korrekt ist, denn man unterscheidet sechs Sinne: Sehen, Hören, Gleichgewicht, Fühlen, Schmecken und Riechen.

Jetzt ist unser zweites Buch fertig und es wäre ein Einfaches, es Kreta mit allen Sinnen 2 zu nennen. Wir entschieden uns jedoch zu dem Titel -Kreta im Herzen-, da uns diese Insel und vor allem die Menschen immer näherkommen. Momentan findet eine enorme Veränderung statt, auch bei den Menschen vor Ort. Trotzdem versuchen sie, die Grundprinzipien der Gastfreundschaft aufrecht zu erhalten, auch wenn es an allen Ecken und Enden fehlt.

Dieses Buch enthält neue Geschichten, alte Fotos, die uns Mike Naletakis zur Verfügung gestellt hat, neue Bilder sowie Rezeptvariationen der kretischen Küche. Diese haben wir mit der Köchin Eleni Tsangaraki im Sommer/Herbst 2016 ausprobiert.

Nach „Kreta mit allen Sinnen" und
„Kreta im Herzen", freuen wir uns sehr, Ihnen das dritte Buch
der Kretahilfe e. V präsentieren zu dürfen.
Wir nennen es „Gesichter Kretas". Warum?
Wir besuchten Dörfer, Plätze, Klöster und Tavernen und überall
sahen wir Menschen, überall Gesichter, manchmal lachende,
manchmal grimmige. Manchmal sind diese Gesichter entsetzt
und manchmal brummig, manchmal aufgelockert und
manchmal erstarrt, fröhliche wie auch traurige Gesichter, stets
jedoch neugierige.

Für dieses Buch konnten wir die Künstlerin Maria Sotiropoulou
gewinnen, die speziell für uns, speziell für dieses Buch
Menschen auf Kreta zeichnete (Ähnlichkeiten mit noch
lebenden Personen sind natürlich rein zufällig).
In gewohnter Manier haben wir auch dreißig neue
Kurzgeschichten und diverse Rezepte zusammengestellt.

Die faszinierende Geschichte Griechenlands hat mich seit
Kindesbeinen begleitet. In einem sehr griechischen Elternhaus
aufgewachsen lernte ich schnell etwas über die minoische
Kultur und den Hellenismus.
Leonidas von Sparta, Alexander der Große, Kolokotronis und
viele mehr waren die Helden meiner Kindheit.
Je erwachsener man wird, ich rede hier nicht vom Alter, wird
auf einmal alles wieder lebendiger.
Der Surrealismus ermöglicht mir, meine Wirklichkeit
im Unbewussten und Traumerlebnisse als Quelle meiner
Eingebungen neu zu entdecken.

Auf die Frage hin, was für ein Buch wir für die Kretahilfe über die Insel und die Menschen, die wir alle lieben, schreiben möchten, entstand die Idee, uns mit einigen Sitten und Bräuchen auseinander zu setzen und zu erkunden, was wir in Mitteleuropa mit anderen Augen betrachten.

Auf Tipps von mehreren Freunden vor Ort haben wir kleinere Dörfer besucht, tranken kretischen Raki und ließen bei unseren Gesprächen mit den Einheimischen ein Diktiergerät mitlaufen, um die so wunderbaren kleinen Pointen, die in die Erzählungen eingebettet waren, nicht zu übersehen. Machen Sie mit uns eine kleine Reise durch die kretischen Bräuche, das Kreta von gestern und heute. Wir erheben keinen Anspruch auf Vollständigkeit, da sehr viele dieser Bräuche von Gegend zu Gegend teilweise sehr unterschiedlich ausfallen. Gehen wir gemeinsam auf diese kleine Tour, die wir mit Bildern und Rezepten ergänzen unter dem Motto: Sei stolz in Deinem Herzen, verewige diesen Schatz und bringe ihn an zukünftige Generationen weiter. Einige Textpassagen haben wir im World Wide Web gefunden und mit unseren Nachforschungen ergänzt. Die Identität jedes Volkes und jedes Ortes besteht aus verschiedenen Elementen, die es von anderen abheben. Diese Elemente werden durch das tägliche Leben und die Lebenspraktiken von Generation zu Generation weitergegeben und gehen leider mit der Zeit verloren. Die Besonderheiten jedes Ortes sind die Traditionen und die Legenden.

Bisher erschienen:

Jetzt und Immer
Ein übersprungener Tag
Verpasste Augenblicke
Träume töten ohne Warnung
Die Gesellschaft Deiner Seele
Ein Lächeln, das Dir wieder Leben einflößt
Na sou po….. Geschichten aus Griechenland
Griechische Wurzeln
Käpt´n Einauge im Märchenland
Griechenland liegt im Hinterhof
Vier Tage Mytilini oder Das Bewusstsein der Ohnmacht
Gedichte 1995-2015
Kreta mit allen Sinnen
Kreta im Herzen
Gesichter Kretas
88 Stufen bis Griechenland
Kreta Gestern und heute